für Gisela und Volkart
von
Peter und Elisabeth
am 27.VII.013

BauKunst
Essen erlebt Architektur

Herausgegeben
vom Bund Deutscher Architekten
BDA Essen

Das Projekt BauKunst wurde gefördert von:

Inhalt

5	Management für Immobilien AG
6	Stadt Essen
7	BAU-KUNST als Bestandteil von StadtBauKultur in NRW
8	Bund Deutscher Architekten BDA Essen
9	Was wir durch Kunst wissen, fühlen wir bis ins Mark
12	BauKunst in Essen, Standorte
14	Über den Dächern
16	capsule
18	Erinnerungs-Haken
20	shoppen & gleiten
22	stattwald
24	Lichtinstallation „MEERLICHT"
26	Der Traum vom Bauen
28	Burgplatz-Intervention
30	Bazar
32	StadtStille
34	Stadtwunde
36	Sprachräume
38	PLAN-SKULPTUR
40	Sitzen ohne Bezahlung
42	Im Osten geht die Sonne auf
44	Ungestörtes Wachstum
46	ALPHABET DES LEBENS
48	Baustelle
50	Waldthausen-Portal
52	Die Vor-Stellung - Ein abwesender Kimono

54	Frank Ahlbrecht
55	Astrid Bartels
56	Patrik Bayer
57	Anne Berlit
58	Dorothee Bielfeld
59	Peter Brdenk
60	Sophie an der Brügge
61	Jürgen LIT Fischer
62	Miriam Giessler
63	Holger Gravius
64	Peter Güllenstern
65	Dirk Hupe
66	Jost Kleine-Kleffmann
67	Frank Köhler
68	Christian Kohl
69	Jems Robert Koko Bi
70	Hans Krabel
71	Jule Kühn
72	Sigrid Lange
73	Hannelore Landrock-Schumann
74	Rolf Lieberknecht
75	Friedrich Mebes
76	Lars Meeß-Olson
77	Wolfgang Müller-Zantop
78	Jens J. Meyer
79	Renate Neuser
80	Heinrich Oppelt
81	Frank Overhoff
82	Moni van Rheinberg
83	Georg Ruhnau
84	Werner Ruhnau
85	Hubert Sandmann
86	Gianni Sarto
87	Eckard Schichtel
88	Gerda Schlembach
89	Matz Schulten
90	Eckard Schulze-Fielitz
91	Martin Stotz
92	Norbert Thomas
93	Ingrid Weidig
94	Wolfgang Zimmer
95	Teilnehmer
96	Der mfi Preis Kunst am Bau
98	mfi: Immobilien mit Konzept
100	Diskrete Interventionen
102	Sponsoren
104	Impressum

Management für Immobilien AG
Reydan Weiss

Architektur bestimmt unser Leben. Wo immer wir in einer urbanen Situation sind – alles hat mit Architektur, mit Bauen zu tun. Jenseits einer klassischen Behausung hat Architektur in einer modernen Welt vielfältige Funktionen und Ansprüche. Ganz gleich, ob wir uns zu Hause, in einem öffentlichen Gebäude, einer Fabrik, unseren Büros, beim Einkaufen oder uns einfach im städtischen Raum befinden – wir möchten uns in einer angenehmen Atmosphäre bewegen.

Bauen mit Kunst – das Wort Kunst wird nicht nur im übertragenen Sinne verstanden, sondern ganz wörtlich. Eine moderne Lebenswelt ist ohne Kunst nicht denkbar. Kunst weitet unseren Horizont. Kunst ist innovativ. Kunst ist geschmacksbildend und gehört ebenso in eine private Welt wie auch in die Arbeitswelt. Kunst ist auch ein Stück Unternehmenskultur. Der Umgang mit Kunst und Künstlern macht nicht nur Spaß und öffnet den Blick für Neues, sondern trägt maßgeblich zu einer hohen Akzeptanz der Architektur bei.

Kunst stellt gerade in der Verbindung mit Architektur Wahrnehmungsweisen und Alltagsgewohnheiten in Frage, animiert und irritiert, entfaltet innovatives Potential für die Gestaltung unserer gebauten Umwelt. Wenn Kunst und Architektur sich im Idealfall wechselseitig durchdringen, schaffen sie die Voraussetzung für ein außerordentliches sinnliches Ereignis. Wichtig hierbei ist auch, daß die Kunst nicht nachträglich, sondern zusammen mit der Erstellung des Bauwerkes berücksichtigt wird. Kunst wird immer noch zu einem Zeitpunkt diskutiert, zu dem alle wichtigen Entscheidungen der Bauplanung längst getroffen sind, der Bau sogar schon fertiggestellt ist. Eine Kooperation zwischen Künstler und Architekt bereits in der Planungsphase kann der Kunst aber völlig neue Aktionsräume eröffnen.

Ein konsequentes Beispiel dafür ist das Ergebnis des Projektes BauKunst – die Objekte sind von Anfang an gemeinsam mit Künstlern und Architekten entwickelt worden.

BauKunst – mit dieser Aktion möchten 41 bildende Künstler und Architekten in 18 Projekten das Gesicht Essens verschönern. Mit ihren Arbeiten zeigen sie, daß Kunst im öffentlichen Raum immer mehr an Bedeutung gewinnt. Ihre Intention ist es auch, die Kunst aus den Ateliers und Museen hinaus zu den Menschen zu bringen – die Kunst dort zu etablieren, wo sich das tägliche Leben abspielt – im öffentlichen Raum.

Kunst im öffentlichen Raum – diese Terminologie hat sich spätestens seit der münsteraner Ausstellung „Skulptur 77" in der Kunstszene eingebürgert. Die wichtigste Maßnahme zur Förderung öffentlicher Kunst sind die nach dem zweiten Weltkrieg vom Bund, von allen Bundesländern und zahlreichen Stadtgemeinden formulierten „Kunst am Bau"-Regelungen, in denen empfohlen wird, bei der Errichtung öffentlicher Gebäude einen bestimmten Prozentsatz der Bausumme für künstlerische Projekte aufzuwenden. Wie dies in der Realität aussieht, wissen wir bereits.

Deshalb ist es wichtig, Kunst zu fördern. Diese Förderung von Kunst und Kultur kann nicht allein Aufgabe des Staates sein – in Zeiten leerer Staatskassen und dringender sozialer Aufgaben ist staatliche Kulturförderung der Öffentlichkeit schwer zu vermitteln.

Um so größere Bedeutung haben private Initiativen - hier ist insbesondere die Wirtschaft gefragt. Nicht nur Großkonzerne sind angesprochen, auch die vielen kleinen und mittelständischen Unternehmen können einen sinnvollen Beitrag leisten – und tun dies bereits. Oft nicht so spektakulär wie die „Großen", oft nur auf lokaler Ebene oder durch Förderung einzelner Kunstprojekte. Und dennoch ein nicht wegzudenkender und wichtiger Bestandteil des Kulturgeschehens.

Die Initiatoren, Künstler und Architekten von BauKunst haben mit viel Engagement Projekte realisiert, die fast unmöglich schienen und sich nicht von schwierigen Voraussetzungen abschrecken lassen. Es ist gelungen, eine breite Öffentlichkeit für die Kunst im öffentlichen Raum zu interessieren; es ist gelungen, Kunstwerke in das Stadtbild zu integrieren, die von der Bevölkerung nicht nur akzeptiert, sondern oft diskutiert und wenn nötig, auch verteidigt werden. BauKunst bietet mit seinen Projekten ein interessantes Spektrum von zeitgenössischer Kunst und läßt auch so manchen Betrachter Freude an dieser öffentlich gezeigten Kunst empfinden.

Stadt Essen
Dr. Oliver Scheytt
Hans-Jürgen Best

Die Gestalt der Stadt Essen im Spiegel der Zeit – das war eines der Leitthemen der Veranstaltungen zu „1150 Stift und Stadt Essen". Die Installationen, Interventionen und Interaktionen der „BauKunst" waren der prominenteste und anregungsreichste Beitrag dazu. Wie erleben wir eine Stadt? Was nehmen wir von einer Stadt wahr? Zunächst erleben wir eine Stadt als Bauwerk oder Summe von Bauten. Dabei geht es um visuelle Wahrnehmung. Das Stadtbild prägt diese: Hochhäuser oder Flachdächer, Türme, Grün und Wasser sind Fixpunkt die das Erlebnis bildwesentlich bestimmen, weil sie das Stadterleben strukturieren. Sie dienen der Orientierung, dem Zurechtfinden in einer noch nicht vertrauten oder auch in der schon bekannten Umgebung. Die Kunstobjekte haben unsere Wahrnehmung verändert: wir sind aufmerksam geworden auf unbekannte und bekannte Örtlichkeiten, haben unsere Stadt plötzlich mit anderen Augen gesehen. Das ist ein großes Verdienst der Künstlerinnen und Künstler und der Architekten, die sich jeweils zusammengefunden haben. Von der wechselseitigen Inspiration hat unsere Stadt profitiert. Es wird soviel über das Stadtimage diskutiert. Diese Aktion hat die Frage nach der Identität der Plätze und Orte, ja die Frage nach der Identität Essens gestellt. Daraus entstand Authentizität und Originalität. Es ist erfreulich, dass einige der Objekte nunmehr dauerhaft bleiben.

Bleiben wird auch die Erinnerung an eine sehr gelungene Aktion und der Ansporn, dass das Projekt „Essen erlebt Architektur" eine kontinuierliche Herausforderung ist. Wir werden uns dieser Herausforderung stellen, insbesondere im Zusammenwirken mit dem neuen „Forum für Kunst und Architektur" am Kopstadtplatz.

Allen Akteuren und Förderern der BauKunst gilt ein ganz besonderer Dank der Stadt Essen.

BAU-KUNST als Bestandteil von StadtBauKultur in NRW
Dr. Michael Vesper

Unser Land braucht Visionen – auch in der Baukultur. Dabei ist es wichtig kreativ zu sein und Qualität zu etablieren. Wenn man dies beherzigt, kann man neue Perspektiven für den Städtebau in Nordrhein-Westfalen schaffen.

Gute Architektur, guter Städtebau und vor allem Kunst im öffentlichen Raum prägen den Charakter einer Stadt. So entsteht die Identität, die eine Stadt für ihre Menschen attraktiv werden lässt. Aktiver Städtebau schafft oder erhält Lebensräume. In einer lebendigen Stadt sind die Menschen bereit sich zu engagieren – das zeigen die oft heftigen Diskussionen über den Erhalt von Arbeitersiedlungen und einzigartige Industriebauten oder die Debatten um Hochhäuser. Hier liegt das Potenzial der Baukultur. Wenn das Bewusstsein für Baukultur wach ist, kann das individuelle Profil einer Stadt gepflegt werden. Selbst, wenn die Wirtschaftlichkeit das Bauen bestimmt, gibt es Alternativen zum standardisierten Einheitsstadtbild. Und nur mit einem eigenen Profil bleiben unsere Städte auch künftig für die Bürgerinnen und Bürger attraktiv.

Mit der Aktion BAU-KUNST hat die Stadt Essen hat ein zukunftsweisendes Projekt für den Umgang mit dem öffentlichen Raum auf den Weg gebracht. 40 Künstlerinnen und Künstler, Architektinnen und Architekten haben 20 temporäre Arbeiten für den öffentlichen Raum geschaffen. Dabei wurden die urbanen Besonderheiten mit in die künstlerischen Inszenierungen einbezogen, Stadträume um die Dimension der Kunst erweitert. Kunst und Kultur sind wie selbstverständlich auf Plätze, in Fußgängerzonen und abgelegene Seitenstraßen eingezogen, haben so die Perspektive auf architektonische Zusammenhänge verändert und gezeigt, wie vielschichtig urbanes Leben sein kann. Die Essener Bürgerinnen und Bürger, Unternehmen und Behörden haben sich in bemerkenswerter Weise für die Idee der BAU-KUNST engagiert und zur erfolgreichen Realisation beigetragen.

Das Projekt hat in Essen einen kritischen Dialog über Stadtgestaltung angestoßen. Nun wird darüber diskutiert, ob einzelne Objekte als ständige Installationen belassen werden sollen. Diese Kommunikation ist ein Zeichen dafür, wie gut BAU-KUNST bei den Bürgerinnen und Bürgern wirkt. Es ist durchaus nicht selbstverständlich, dass Veranstaltungsideen förmlich aus dem Nichts heraus auf eine so breite Resonanz und Zustimmung treffen. Den Erfolg der Aktion verdanken wir dem Einsatz der Beteiligten und der Beigeisterungsfähigkeit der Unterstützer.

Gerade in diesem Engagement ist BAU-KUNST beispielhaft für die Landesinitiative „StadtBauKultur" in Nordrhein-Westfalen. Lebens- und liebenswerte Städte und Gemeinden entstehen nur, wenn sich Menschen für den Umgang mit Baukultur interessieren und einsetzen. BAU-KUNST ist dafür ein gelungener Vorreiter.

Dr. Michael Vesper
Minister für Städtebau und Wohnen, Kultur und Sport des Landes Nordrhein-Westfalen

Bund Deutscher Architekten BDA Essen
Friedrich Mebes

Mit der Veranstaltungsreihe ESSEN ERLEBT ARCHITEKTUR strebte der Bund Deutscher Architekten BDA Essen in Verfolgung seiner selbst gesetzten Ziele die Aufweitung des öffentlichen Interesses an Architekur und der Diskussionen und Debatten über die Gestaltung unserer Stadt an, um damit auch den Anspruch an Qualität und Gemeinschaftssinn zu fördern. Hierbei wurde die Zusammenarbeit mit der Stadt, ansässigen Verbänden, Vertretern der Kultur und anderen Interessierten gesucht. Seit Januar 2000 konnten so zahlreiche Veranstaltungen der unterschiedlichsten Art realisiert werden, von Architekturausstellungen bis zu Dichterlesungen und Filmvorführungen.

Die wichtigen und wesentlichen Fragen der Beteiligung der Künstler am Leben in der Stadt und besonders in den Bereichen des Bauens, des öffentlichen Raumes, kamen in der Veranstaltung „BAU-KUNST" Stadtzeichen zur Darstellung. Als Vision für den Umgang mit Stadtbildern, realisiert aus den lokalen Potentialen und durch die unmittelbare Zusammenarbeit von Künstlern und Architekten wurden in ausgewählten stadträumlichen Zusammenhängen temporär neue künstlerische Perspektiven gestaltet und die Kunst als erweiternde Dimension des Bauens deutlich gemacht.

Wegen ihrer Überschaubarkeit, der Fußläufigkeit, auch der zu erwartenden Besucherfrequenz (gefördert durch das gleichzeitige Stadtjubiläum) bot die engere Innenstadt von Essen einen hervorragenden Ort für die zunächst geplanten 20 Projekte, von denen aus Finanzierungsgründen dann nur 18 verwirklicht werden konnten. Diese fanden in der Ausstellungszeit vom 09.06. – 22.09.2002 großes öffentliches Interesse.

Ein entscheidender Teil der zugrunde liegenden Idee war die unmittelbare Zusammenarbeit innerhalb jedes einzelnen Projektes zwischen Künstlern und Architekten. Nach einem ersten Aufruf am 20.09.2000 an die Essener Künstler und Architekten fand ein erstes Treffen der Interessenten im Dezember 2000 statt, aus dem sich dann eine Reihe regelmäßiger Zusammenkünfte entwickelte. Nach gegenseitigem Kennenlernen – viele der Beteiligten kannten sich zunächst überhaupt nicht – bildeten sich relativ schnell Teams von 2 bis 4 Personen, die jeweils ein Projekt konzipierten und dann schließlich auch durchführten. Schnell zeigte sich, dass die Entwicklung der Ideen und vor allem auch die Vorbereitung der Realisierung sehr viel Einsatz und Arbeit, und damit auch Zeit erforderten.

Eine erste Ausstellung der Gesamtidee und der Entwürfe der einzelnen Projekte Fand im Rahmen des „Quartiers" der Essener Galerien, einer Ausstellung auf dem Kennedy-Platz im September 2001 statt. Die Modelle und Entwürfe wurden dann noch einmal im Dezember 2001 in der Lindengalerie im Deutschlandhaus und im Januar 2002 auf der Deubau gezeigt.

Für die Gesamtidee konnte das Interesse der Stadt Essen und auch des Landes NRW (Ministerium für Städtebau und Wohnen, Kultur und Sport) gewonnen werden, von denen dann auch Zusagen für eine wesentliche finanzielle Förderung kamen.

Durch großen Einsatz und intensive Arbeit der Beteiligten, und durch die tätige Mithilfe der Stadtverwaltung bei den im öffentlichen Raum, besonders auch den Verkehrsflächen und öffentlichen Fußgängerbereichen, notwendigen Genehmigungen gelang es, rechtzeitige Klärungen und Wege zu finden. Da die Finanzierung mit den zugesagten öffentlichen Mitteln nur Teile der jeweiligen Gesamtkosten abdecken würde, war es gleichzeitig notwendig Sponsoren zu finden, die in spürbarem Umfang finanzielle und tätige Hilfe leisteten. Diesen muß hier ein besonderer Dank ausgesprochen werden. Dennoch blieb ein großer Teil, auch auf der finanziellen Seite, von den Teilnehmern beizubringen, die mit dankenswertem Einsatz und großem Verständnis mit zu dem Gelingen beitrugen.

Was wir durch Kunst wissen, fühlen wir bis ins Mark - BauKunst in Essen
Dr. Gudrun Escher

„Die Bestätigung des guten Geschmacks im Leben des Einzelnen mag Privatangelegenheit sein, in der Gesamtheit des Volkes wird aus dieser Privatangelegenheit ein charakteristisches Anzeichen, das nicht nur das Kulturbild der Nation färbt, sondern auch weitreichende wirtschaftliche Konsequenzen hat." Dieser Satz steht nicht in dem 2001 erstellten Statusbericht zur Baukultur in Deutschland, sondern so äußerte sich Hermann Muthesius 1914[1] und bekräftigte damit die Zielsetzung, die 1906 zur Gründung des Deutschen Werkbundes geführt hatte. Seither ist immer wieder versucht worden, die Rolle der Künste und der guten Form für die Gesellschaft, für das öffentliche Leben und die Qualität von Stadtlandschaften deutlich zu machen und zu stärken, mit Phasen intensiverer progressiver Impulse in den 1920er Jahren bei all jenen, die dem Bauhaus nahe standen, und seit den späten 1950ern, als mit Pop und Fluxus Kunst wie Architektur in Bewegung gerieten. Immer dann, wenn der Traum von gesellschaftlichen Veränderungen via Kunst und Architektur den festen Rahmen der eigenen Profession durch neue Fragen und neue Antworten sprengte, häuften sich die Versuche, die Sprachmittel durch Grenzüberschreitungen zu bereichern. Dies gilt gleichermaßen für Produktion wie Rezeption von bildender Kunst und Architektur, die viceversa ins Blickfeld gerieten.

Von besonderer Stringenz sind in diesem Kontext Arbeiten, an denen Architekten und Künstler gemeinsam wirkten. Für das Bauhaus selbst mag stellvertretend das Weimarer „Haus am Horn" von 1923 stehen, das der Maler Georg Muche mit dem Architekten Adolf Meyer als Laborversuch für die Neuformulierung der Aufgabe „Wohnhaus" entwickelte, gefolgt 1927 von dem Stahlhaus in Dessau-Törten mit Rudolf Paulick. Muche unterschied zwischen Kunst und Architektur nicht prinzipiell, sondern nur insofern, als Architektur im Grad der Modernisierung hinterherhinke: „Diese Architektur, die mehr zu sein scheint als angewandte Kunst, ist an und für sich nichts anderes als der Ausdruck eines neuen Stilwillens im traditionellen Sinne der bildenden Kunst."[2] Der eigentliche Gegensatz bestehe zwischen Kunst und Industrieform. In der Auseinandersetzung mit dieser profitiere die Kunst durch Weiterentwicklung, ohne den Gegensatz selbst aufzulösen. Die Antwort des Malers Piet Mondrian auf die Frage „Muss die Malerei der Architektur gegenüber als minderwertig gelten?" fiel ebenso eindeutig aus: „Die neue Ästhetik der Architektur ist dieselbe wie die der Malerei."[3] Das Rietveld-Haus in Utrecht 1924 veranschaulicht dies bis heute - Gerrit Rietveld war Möbelschreiner und nicht gelernter Architekt, die Grundidee des Hauses und die Ausformung erarbeitete er zusammen mit der kunstsinnigen Bauherrin Tuus Schröder-Schräder, die hier viele Jahre mit Kindern und Gästen lebte. Visionen auf dem Papier blieben dagegen die „Prounen" von El Lissitzky aus derselben Zeit, die er ausdrücklich als „Umsteigestationen zwischen Malerei und Architektur" verstanden wissen wollte. Das Motiv des Wolkenbügels erlebt heute als gebaute Architektur eine Renaissance[4].

Die Wiederaufbauzeit nach dem Zweiten Weltkrieg brachte im neuen Kirchenbau viele fruchtbare Kooperationen zwischen Architekten und Künstlern, etwa bei Rudolf und Maria Schwarz oder Josef Lehmbrock mit dem Maler Günter Grote. Anders wäre jenes dichte Zusammenspiel von Licht und Raum und liturgischem Gerät nicht denkbar, dessen Verletzlichkeit sich oft erst dann zeigt, wenn die Gemeinde die künstlerische Ausstattung modernisiert hat - und damit den Raum zerstört. In einer Kunstrezeption aber, die nicht gleichermaßen wie die Kunstproduktion in offenen semantischen Systemen operiert, sondern den traditionellen, getrennten Wissenskategorien vertraut, bleibt meist nur der Name des Architekten haften. Dies gilt auch noch für die 1992-94 errichtete Gedächtniskapelle Santa Maria degli Angeli auf dem Monte Tamaro hoch über Lugano, die der Architekt Mario Botta zusammen mit dem Maler Enzo Cucchi entwarf. Cucchi realisierte damit einen schon zehn Jahre älteren Traum von einer gemeinsamen Arbeit der beiden Tessiner Künstler und das bildhafte Denken beider wurde zum Ausgangspunkt und Korrektiv für die einzigartige Wirkung des Bauwerks in der Landschaft. Einen politisch gewollten Kulminationspunkt integrativer Arbeit als Monument eines zukunftsoptimistischen „Wir" stellt das 1959 eröffnete Gelsenkirchener Musiktheater dar, für das die Architekten Werner Ruhnau, Ortwin Rave und Max von Hausen die Künstler Yves Klein, Jean Tinguely, Robert Adams, Norbert Kricke und Paul Dierkes als gleichwertige Partner und nicht nur „Dekorateure von Architektur" hinzuzogen. Auch in diesem Falle allerdings reduziert die öffentliche Erinnerung das Ergebnis auf die Architektur von Werner Ruhnau und das Yves Klein-Blau, und damit zwar auf ein besonders gelungenes Beispiel von „Kunst am Bau", ohne aber die komplexe Aussage des Ensembles zu erfassen. Was nicht in die bequemen Kategorien passt, wird passend gemacht.

1969 beschwor Dick Higgins gemeinsam mit Wolf Vostell die Rettung der Architektur - und der Gesellschaft - durch Kunst und formulierte: „Es ist das Fehlen dieses Elementes von Kunst als ästhetische Untersuchung, das Architektur heute so ermüdend sein lässt mit ihren endlosen Kuben, muschelförmigen Kurven, Massen und feststehenden Beziehungen. Was wäre besser, wenn man in die Architektur den Geist ästhetischer Untersuchung wiedereinführen will, als sich zunächst an die Künstler zu wenden?"[5] In dem programmatischen Katalogbuch POPARCHITEKTUR CONCEPT ART kommen Maler, Musiker, Dichter, Fotografen und eben auch Architekten, u.a. Hans Hollein, zu Wort. Alvar Aalto, selbst Architekt und Maler, warnte allerdings vor naiven Synthesen von Architektur, Malerei und Skulptur, die Beschäftigung von drei verschiedenen Personen an einem Kunstwerk habe mit dem Zusammenspiel der drei Kunstarten noch lange nichts zu tun und ihm seinen drei Künstler in einer Person lieber als keiner in drei Personen.[6]

Die vielen wohlgemeinten „Kunst am Bau" - Wettbewerbe kommentierte Thomas van den Valentyn 1990 so: „Die Kübel und Brünnele, die Bänke und Poller, die Foyersculpturen und Gartentrümmer, Kunstmeilen und gestalteten Fassaden, die Spraydosen die Stirn bieten - sie beweisen bis tief in die Provinz, wie recht Wolfgang Pehnt hat: ... Kunst und Architektur sind zweierlei geworden. Allen Versuchen, sie wieder miteinander zu versöhnen, haftet von vornherein Gewaltsamkeit an."[7] Häufig unfruchtbare Ergebnisse haben denn auch das Interesse an dieser Form der Zusammenarbeit einschlafen lassen, auch wenn 2002 mit einem neuen Preis für Kunst am Bau eine Wiederbelebung versucht wurde[8]. Inzwischen traten Kunst- und Architekturwochen von Hamburg über Münster und Köln bis München mit temporären Aktionen im Stadtraum an ihre Stelle.

Über die Jahrzehnte sind viele Künstler im Terrain der Architektur bzw. Raumformung fündig geworden, etwa Niki de Saint Phalle, die in ihrem Tarock-Garten bewohnbare Skulpturen baute, ebenso wie Stefan Wewerka, der mit seinen Erd-Architekur- und anderen Zeichnungen den Ausstellungs-Raum der Documenta 1987 vorbereitete. Auch Per Kirkeby gehört hierher, für den Malerei denselben Stellenwert einnimmt wie seine gemauerten Gehäuse, oder Erwin Heerich mit den Bauten auf der Museumsinsel Hombroich, die in direktem Bezug zu seinen graphischen Arbeiten und den Kartonskulpturen stehen.

Heute ist das „crossover", um ein Modewort aus der Musikbranche zu benutzen, zwischen Architektur und Künsten aktueller denn je. Die Amerikanerin Rita McBride siedelt ihre im Sommer 2002 in Vaduz gezeigten Arbeiten in einem Zwischenreich an, baut mit der „Arena" eine begehbare Tribüne, die, den Saal zur Gänze füllend, zum betrachteten Betrachter und Ausstellungsstück wird, und präsentiert gleichzeitig Miniaturen der banalen Parkhäuser an New Yorks Flughäfen mit ihren Auf- und Abfahrtrampen wie bildnerische Kostbarkeiten. „Ich bekämpfe den Modernismus, weil er mich ständig enttäuscht... Die Art und Weise, wie Dinge gestaltet werden und wie sie unsere Erfahrung bestimmen, ist derart unsinnig, ja pervers. Dieses Scheitern ist aber nicht nur tragisch, sondern hat auch etwas Komisches."[9] - und ist Ausgangspunkt für bildnerische Forschungsreisen in unbekanntes Gebiet. Für Okwui Enwezor und sein Konzept der Dokumenta 11 2002 spielt Architektur eine zentrale Rolle. Raumformen, Raumvorstellungen und Stadtbilder in Fotos, Videos und Modellen stehen als Orientierungspunkte in der Welt der Wahrnehmungen gleichwertig neben Bildern und Objekten. Mit Constant und „New Babylon" (1959) oder Yona Friedmann wurde in Kassel der Bogen zurück zu den Utopien der zweiten Moderne geschlagen, während eine jüngere Generation in die Zukunft blickt: der Kubaner Carlos Garaicoa baut auf den Trümmern gescheiterter Kulturstufen einen neuen Turm als „Babel des Wissens" oder die New Yorker Gruppe Asymptote Architecture mit Hani Rashid hebt die Grenzen zwischen virtuellem und realem Raum in einer Versuchsanordnung auf.

Sarat Maharaj, der an der d11 mitarbeitete, versteht Kunst - wie Baukunst - als erweiterte Form des Wissenstransfers „jenseits des institutionellen Diskurs der systematischen Disziplinen. ...Kunst mag mit Wissen in Zusammenhang stehen, aber sie tendiert dazu, es zu zerkleinern, es entzweizubrechen, um uns zu zeigen, was die offiziellen Wissenssysteme ausschließen, was sie auslassen, das Unbekannte der Gedankenwelt... Bei der künstlerischen Wissensproduktion geht es also um Kreativität, die sich mit dem befasst, was der Gedankengang nicht denkt, womit das normale Denken nicht umzugehen weiß, dem es nicht gewachsen ist, und was es als andersartig und ihm fremd ausschließt."[10] Das kartesianische Wissenssystem allein versage vor den komplexen Menschheitsaufgaben der Zukunft, insofern ist die Aussage der d11 eine eminent politische.

Diese Auffassung von Kunst schließt an Erkenntnisse des Philosophen Nelson Goodman an, der 1968 die „Sprachen der Kunst" als Grundlagen einer Symboltheorie untersuchte. „Das was wir durch die Kunst wissen, fühlen wir bis ins Mark in unseren Nerven und Muskeln und erfassen es mit unserem Geist; die ganze Sensibilität und Reaktionsfähigkeit des Organismus hat Anteil an der Erfahrung und Interpretation von Symbolen."[11] Er identifiziert Kunst - wiederum ausdrücklich ohne Unterscheidung von Architektur und bildender Kunst - als der Wissenschaft gleichwertig und sie ergänzend und konstatiert, dass: „die ästhetische Erfahrung dynamisch und nicht statisch ist... Sie erfordert Interpretation von Werken und Rekonstruktion der Welt von den Werken her und der Werke von der Welt her... Die ästhetische ‚Einstellung' ist ruhelos, wissbegierig, prüfend - sie ist weniger Einstellung als vielmehr Handlung: Schöpfung und Neuschöpfung."[12] und er fährt fort: „Entdeckungen [mit Bezug auf das Kunstwerk/die Forschung] werden nur dann zu verfügbarem Wissen, wenn man sie in zugänglicher Form bewahrt... Sowohl die Dynamik wie die Dauerhaftigkeit ästhetischer Werte sind natürliche Folgen ihres kognitiven Charakters."[13] Für Kunst wie Wissenschaft gelte: „dass der Anstoß Neugier und das Ziel Aufklärung ist"[14].

Im Hinblick auf das Verhältnis von Kunst und Architektur wird gerne auf graue, selige Vorzeiten verwiesen, als, so heißt es, alle Künste am großen Bau der Kathedralen gemeinschaftlich wirkten. Genau besehen waren dies nicht nur die Künste, sondern ebenso Glaser, Klempner und Schreiner, denn Malerei wie Architektur gehörten im damaligen Verständnis zu den „artes mechanicae", die durch die „artes liberales", zu denen Mathematik, Geometrie und Musik zählten, determiniert wurden. Nicht die Architektur ist im mittelalterlichen Kirchenbau die bestimmende Kraft, sondern die Idee eines geordneten Kosmos, im Chor von Cluny III etwa gespiegelt in Stein gewordenen musikalischen Harmonien. Kunst und Architektur haben gleichermaßen dienende Funktion auf dem Weg zur Erkenntnis des Wesentlichen, des Über-Zeitlichen und Über-Räumlichen. Noch im 19. Jahrhundert, das die Freiheit der Künste in der Moderne vorbereitete, machte Gottfried Semper keinen Unterschied zwischen Architektur und Kunst, das Bauen ist in seinem Sinne ebenso Kunst wie das Knüpfen eines Teppichs oder das Formen einer Vase, vorausgesetzt, der zu gestaltende Gegenstand ist in seinem Wesen erfasst und zum Ausdruck gebracht. Auch hier geht es um das offenbar werden Lassen des Wesentlichen, oder, mit den Worten von Max Liebermann: Kunst macht das Unsichtbare sichtbar.

Das „Architektur Symposion Pontresina" ist dafür bekannt, die drängenden Grundsatzfragen der Gegenwartsarchitektur aufzugreifen. 2002 diskutierte Hani Rashid als Architekt mit dem

Künstler James Turrell und einem Vertreter von Guggenheim New York über: „Art and Architecture: Responsive Design Scenarios for Public Spaces" aus der Überzeugung heraus, dass Kunst und Architektur sich gemeinsam der künftigen Aufgabe stellen müssen, den öffentlichen Raum neu zu erfinden, „um die Stadt näher an die Männer und Frauen, die sie bewohnen, heranzuführen".[15] Demselben Thema widmete in Essen der BDA zusammen mit der Stadt und zahlreichen Förderern das Langzeitprojekt „Essen erlebt Architektur".

Die Freiluftausstellung „BauKunst" mit achtzehn realisierten von zwanzig Gemeinschaftsarbeiten von KünstlerInnen und ArchitektInnen, die für drei Monate die Essener Innenstadt veränderten, stellte innerhalb des Gesamtprogramms eine besondere Herausforderung an die Adresse der Stadt und ihrer Bewohner dar.

Als Experimente waren dies Angebote einer frischen Sichtweise auf Orte und Kontexte ohne den Anspruch auf dauerhafte Gültigkeit, auch wenn einzelne Objekte wie „MeerLicht" ein Bleiberecht erhielten. So unterschiedlich wie die individuellen Interpretationen der Beteiligten stellten sich die künstlerischen Positionen dar. Da stand die solitäre Skulptur „Alphabet des Lebens" im Biergarten in eher allgemeinem Bezug zu Lebensfunktionen oder „StadtStille" im Kreuzgang des Münsters verdichtete sich zu der Installation der Aggregatzustände von Holz. Die beiden rostigen Stahlsarkophage fügten dem Ort eine weitere Komponente hinzu, ohne ihn aber selbst zu verändern, wie auch die Segel „Über den Dächern" eine zusätzliche, poetische Perspektive eröffneten und die „Plan-Skulptur" an versteckter Stelle den Blick auf das Ganze einforderte. Anderswo gab es Verweise: seht genau hin und macht euch bewußt, was ihr seht - den „Bazar" an der Friedrich-Ebert-Straße oder, benachbart auf immer noch freiem, ungeformtem Gelände, den „Traum vom Bauen" mit einem spanisch verschlüsselten Wortspiel auf Essen.

Auch das „Ungestörte Wachstum" rückte eigentlich die Verkehrssituation vor dem Bahnhof ins Bewußtsein und die „Vor-Stellung" gab einen Vorgeschmack auf die Bühne des Lebens. Allerdings veränderte hier der Betonteppich auch den Ort selbst, wie es die „Capsule" vor dem Deutschlandhaus tat oder der „Stadtwald" auf dem Kennedyplatz, der zudem als labyrinthischer Kinderspielplatz eine praktische Funktion fand, wie die bunte Bank für das „Sitzen ohne Bezahlung". An anderer Stelle wurden einzelne Bauwerke kommentiert wie die Marktkirche: „Im Osten geht die Sonne auf" machte die innere Orientierung der Kirche auch im Äußeren sichtbar und verwies zugleich auf die heutige Pluralität der Religionen in der Stadt, während die „Sprachräume" am Hochschulrechenzentrum in ihrer Unlesbarkeit Sprache grundsätzlich in Frage stellten und damit erst die wichtige Rolle von Kommunikation im Stadtraum bewußt machten. Nicht allein Verweise auf die Stadt als gebauter und benutzter Lebensraum, sondern Eingriffe, die unauslöschliche Spuren des Begreifens hinterlassen, könnten die „Baustelle" am Kopstadtplatz als Exemplum eines Stadt-Bildes werden wie das „Lauf-Band" auf der Limbecker Straße, dessen Ankündigung bereits zum grundsätzlichen Nachdenken anregte. In tiefere Schichten drang die „Burgplatz-Intervention" ein als Verschränkung der gewohnten horizontalen Ebene mit einer unbewußten vertikalen, nicht nur räumlich, sondern auch zeitlich in Vergangenheit und Gegenwart. Die „Stadtwunde" unter der Glitzerwelt der Einkaufspassage brachte es vollends an den Tag: Geschichte kann die Stadt und können die Menschen zwar verdrängen, aber nicht beseitigen. Ihre Spuren wirken fort auch unter der Oberfläche.

Der Wissenstransfer durch Kunst vollzieht sich dynamisch entsprechend dem Echo, das die neuen Bilder im Bewußtsein der Betrachter finden und die resultierenden Aussagen werden sich im Laufe der Zeit wandeln. Es gibt nicht die letztgültige Form der Kunst-Exegese wie es nicht die letztgültige Form der Kunst oder Architektur selbst gibt. Jede Gesellschaft und jede Zeit findet ihren Spiegel in Formen der Kunst und Wissenschaft. Ihre Richtung zu ändern, ist gesamtgesellschaftliche Aufgabe und kann nicht allein von Kunst/Architektur oder Wissenschaft erwartet werden. Kunst aber kann den Nährboden bereiten, wenn ihre Impulse in Begriffe transformiert und als solche dem Weltverständnis - oder Stadtverständnis - einverleibt werden. Kunst wie Architektur bleiben allerdings stumm, wenn da keiner ist, der auf ihre „Sprache" eingeht, wenn Kommunikation verweigert wird. In Essen wurde das Gespräch aufgenommen.

[1] zit. nach: Felix Schwarz und Frank Gloor (hrg.), Die Form - Stimme des Deutschen Werkbundes 1925-1934. Gütersloh 1969, S. 9
[2] zit. nach: Hans M. Wingler, Das Bauhaus. Köln 1968, S.123
[3] ebd. S.142-143
[4] vgl. Norbert Wansleben, Medienhafen Düsseldorf, und BRT, Rheinauhafen Köln
[5] POPARCHITEKTUR CONCEPT ART HIGGINS VOSTELL. Düsseldorf 1969
[6] vgl. Dietmar N. Schmid (hrg.), Das Theater von Alvar Aalto in Essen. Essen 1988, S. 71f
[7] zit. nach: Ingeborg Flagge (hrg.), Architektur in der Demokratie Kunst im öffentlichen Raum. Stuttgart 1991, S. 56
[8] mfi-Preis Kunst am Bau, verliehen an Bogomir Ecker für die Skulptur „Aliud" am Gebäude der ZPD Duisburg 2002, ohne die Architekten (Schuster, Düsseldorf) zu nennen
[9] zit. nach: Text zur Ausstellung August 2002 im Kunstmuseum Liechtenstein, Vaduz
[10] zit. nach: Sarat Maharaj, Fragen an die kartesianische Logik. in: Kunstforum 161 2002, S. 93f.
[11] Nelson Goodman, Sprachen der Kunst. Frankfurt/M. 1973 (1968[1]), S. 260
[12] ebd. S. 242
[13] ebd. S. 260
[14] ebd. S. 259
[15] zit. nach dem Programm des International Architecture Symposium Pontresina 2002

BauKunst in Essen
Standorte

Projekt 1, Über den Dächern
Jens J. Meyer, Wolfgang Zimmer und Lars Meeß-Olsohn
Parkhaus Deutschlandhaus

Projekt 2, capsule
Miriam Gießler und Hubert Sandmann
Deutschlandhaus, Hans-Toussaint-Platz

Projekt 3, Erinnerungs-Haken
Jost Kleine-Kleffmann, Hanelore Landrock-Schumann und Frank Overhoff
Salzmarkt

Projekt 4, shoppen & gleiten
Sigrid Lange und Heinrich Oppelt
Limbecker Straße

Projekt 5, stattwald
Frank Ahlbrecht, Anne Berlit und Dorothee Bielfeld
Kennedyplatz

Projekt 6, Lichtinstallation „MEERLICHT"
Peter Brdenk und Jürgen LIT Fischer
Schwarze Meer

Projekt 7, Der Traum vom Bauen
Peter Güllenstern und Georg Ruhnau
Berliner Platz

Projekt 8, Burgplatz-Intervention
Christian Kohl und Ingrid Weidig
Burgplatz

Projekt 9, Bazar
Friedrich Mebes und Gerda Schlembach
Friedrich-Ebert-Straße

Projekt 10, StadtStille
Sophie an der Brügge, Rolf Lieberknecht, Patrik Bayer und Wolfgang Müller-Zantop
Kreuzgang der Münsterkirche

Projekt 11, Stadtwunde
Astrid Bartels und Werner Ruhnau
Porscheplatz, Treppenaufgang

Projekt 12, Sprachräume
Dirk Hupe und Martin Stotz
Hochschulrechenzentrum, Schützenbahn Ecke Gerlingstraße

Projekt 13, PLAN-SKULPTUR
Renate Neuser und Martin Stotz
Trentelgasse

Projekt 14, Sitzen ohne Bezahlung
Moni van Rheinberg und Frank Köhler
Akazienallee

Projekt 15, Im Osten geht die Sonne auf
Jule Kühn und Hans Krabel
Marktkirche

Projekt 16, Ungestörtes Wachstum
Eckhard Schichtel und Matz Schulten
Hbf, Kreisverkehr

Projekt 17, ALPHABET DES LEBENS
Eckhard Schulze-Fielitz und Jems-Robert Koko Bi
Salzmarkt

Projekt 18, Baustelle
Patrik Bayer, Wolfgang Müller-Zantop und Norbert Thomas
Kopstadtplatz

Projekt 19, Waldthausen-Portal
Jost Kleine-Kleffmann, Hanelore Landrock-Schumann und Frank Overhoff
Alfred-Herrhausenbrücke

Projekt 20, Die Vor-Stellung - Ein abwesender Kimono
Holger Gravius und Gianni Sarto
Grillotheater

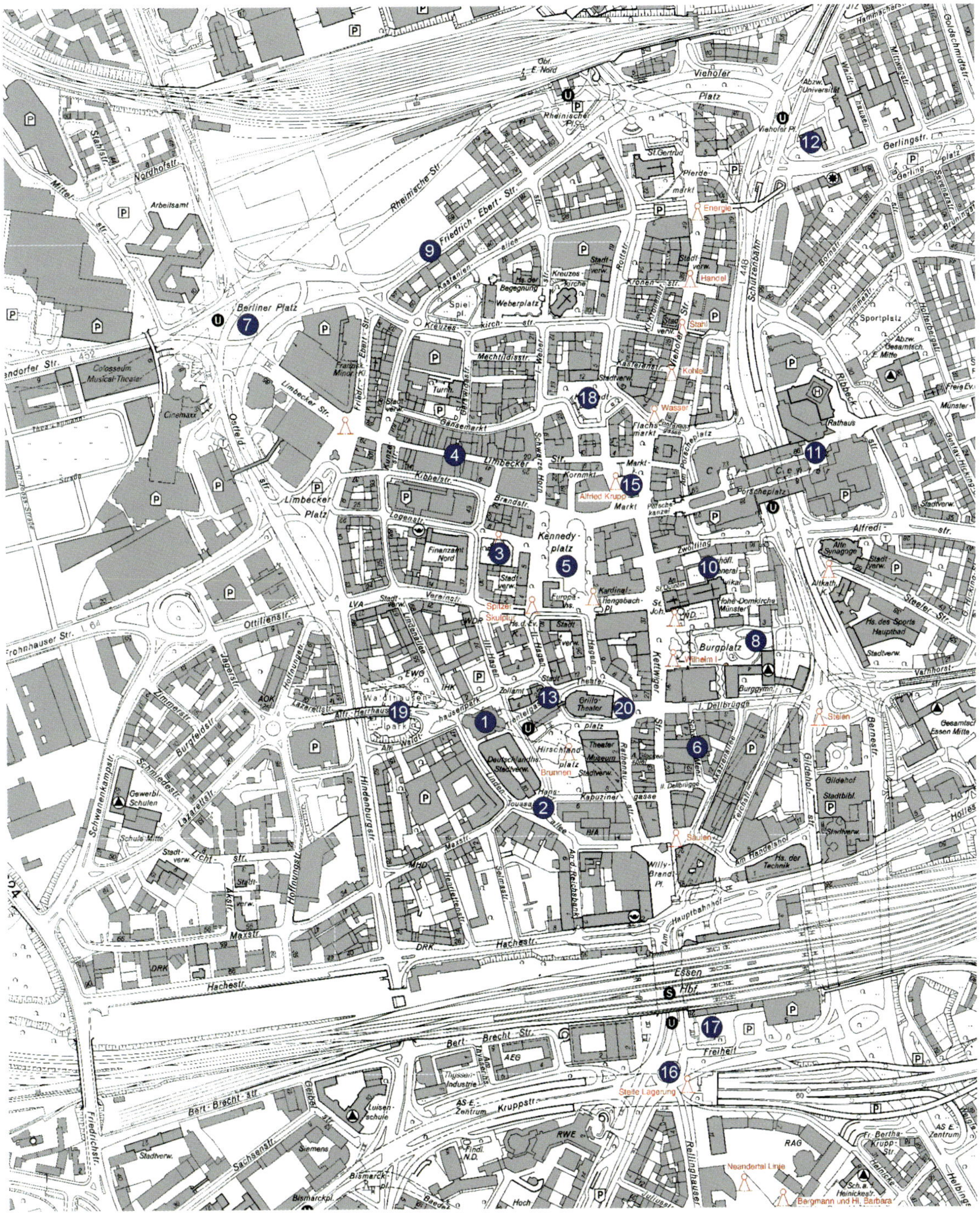

Berliner Platz
Friedrich-Ebert-Str.
Rheinische Str.
Viehofer Platz
Kennedy-platz
Burgplatz
Limbecker Platz
Limbecker Str.
Gerlingstr.
Alfredistr.
Hachestr.
Essen Hbf.
Kruppstr.
Bismarckpl.
Rathaus
Grillo-Theater
Theater Museum
Hohe Domkirche Münster
Finanzamt Nord
Colosseum Musical-Theater
Cinemaxx
Sportplatz
Energie
Handel
Stahl
Kohle
Wasser
Alfried Krupp
Spitzer Skulptur
Wilhelm I.
Stelen
Brunnen
Säulen
Stelle Lagerung
Neandertal Linie
Bergmann und Hl. Barbara
1
2
3
4
5
6
7
8
9
10
11
12
13
15
16
17
18
19
20

Über den Dächern
Lars Meeß-Olsohn, Jens J. Meyer und Wolfgang Zimmer

Im gewohnten Erleben nehmen wir die Stadt auf Fußgängerniveau wahr. Wir bewegen uns in einem Gefüge verdichteter Baustruktur, zwischen Wänden und Schaufenstern, über Plätze und Straßen. Die Dachlandschaft bietet eine neue Perspektive, der Blick wandert von unten nach oben, von oben über die Dächer nach unten, wieder in die Stadt hinein. Eine großräumige Stadt – Raum – Installation wird als künstlerische Idee in Form eines imaginären Netzwerkes über die Dächer der Essener Innenstadt gelegt:

Sechs weiße, textile Strukturen, die „Textraeder" markieren weithin sichtbar ausgewählte Netzknoten. Die einzelnen Skulpturen sind aus der Fußgängerperspektive heraus erlebbar und immer wieder entdeckt der Betrachter identische „Textraeder" auf verschiedenen Dächern. Die Aufmerksamkeit wird nach oben gezogen, der Überblick wird gesucht.

Die Blickachsen weben ein Netzwerk der Wahrnehmung durch die Stadt und laufen auf einer zentralen Aussichtsplattform, dem höchstgelegenen Parkdeck des Parkhauses am Deutschlandhaus zusammen. Nur von hier sind alle Markierungsskulpturen gleichzeitig zu sehen. Die gesamte Stadt – Raum – Installation wird im Überblick sichtbar, als ungewohnte Erlebbarkeit des gewohnten Stadtbildes.

In der Wahl unseres Netzwerkes greifen wir mit der tetraedischen Anordnung auf ein natürliches, elementares Gefüge zurück und entwickeln aus der Einzelform die Markierungsskulptur:

Zwei kongruente Vierpunktsegel werden zwischen den vier Eckpunkten des Tetraeders aufgezogen. In einem parametrischen Spiel der Spannungsverhältnisse lösen sich die beiden gegensinnig orientierten Flächen voneinander und erzeugen ein Volumen. Die nun ineinandergreifenden Membranen werden an den Rändern zusammengefasst und bilden das notwendige Zugkontinuum, um ein gelenkiges Innenskelett aus Stäben zu stabilisieren.

Die Textraeder werden am Abend beleuchtet und zusammen mit der Aufstellung auf einer Spitze wird der Eindruck von schwereloser Leichtigkeit verstärkt, die Skulpturen lösen sich und beginnen scheinbar zu schweben.

capsule
Miriam Giessler und Hubert Sandmann

„how to turn a
desert into paradise"
Nathaniel Ward

Foto:
Susanne Brügger

Die "capsule" ist ein künstlerisches Experiment für einen begrenzten Zeitraum. Auf dem als Hans-Toussaint-Platz ausgewiesenen Kreisverkehr in der Stadtmitte Essens wird ein Kuppelbau (aufgeblasene Plastikhülle, Pneu) im Durchmesser von 7m errichtet. Die vorgefundene städtebauliche Situation (Kreisverkehr, Rundbauten) wird durch die Form der Hülle ästhetisch überhöht. Durch eine transparente Hülle umschlossen, soll sich in einem spezifischen Klima ein kleines Paradies entwickeln können. Die zentrifugalen Wirkkräfte des Verkehrs dienen scheinbar der Beschleunigung eines künstlichen Wachstums im Innern (Gewächshaus).

Unterstützt durch Licht- und Temperatureinwirkung entsteht eine Atmosphäre, die der Züchtung einer Vegetation unbekannter Art dient. Als ein kleiner Kosmos, der die ganze grosse Schöpfung spiegelt, lokalisiert der Garten stets das menschliche Verhältnis zur Natur. Als Folge der zunehmenden Verstädterungsprozesse wandelte sich das Bild des Gartens von seiner metaphysischen Bestimmung zu mehr pragmatischen, funktionalen und dekorativ-repräsentativen Deutungen.

Der Londoner Arzt und Amateurbotaniker Nathaniel Ward hat Mitte des 19.Jhdts., um den negativen Einfluss verrusster Stadtluft auszuschliessen, Pflanzen in kleinen Glaskästen gezüchtet, welche bald als industrielle Massenware verfügbar waren. Als Synonym des zukünftigen Stadtgartens entstand ein vegetabiles Museum, ein Raum ohne Maßstab, eine Landschaft ohne Himmel, ein Klima ohne Wetter.

Erfunden als eine Therapie gegen eine körperfeindliche Stadt, wurde der „Wardsche Kasten" unfreiwillig zu einem sinnesfeindlichen Werkzeug der Einkapselung, diente der Abkopplung eines naturfernen Refugiums. Als Christal Palace hat der Wardsche Kasten architektonische Dimensionen angenommen und erreichte 1969 in Buckminster Fullers Vision einer klimatisierten Schutzhülle über Teile Manhattans die Grösse von 2 Meilen im Durchmesser. Die zunehmende Manipulierbarkeit von Wachstumsprozessen treibt deren Verlagerung in solche künstlichen Schutzzonen (Nischen, Retorten, Brutkästen) voran.

Die „capsule" bildet einen solchen umschlossenen Zuchtversuch. Als " Hortus conclusus" (umzäunter Garten) spielt die Arbeit auch auf die Problematik der (Nicht)Gestaltung innerstädtischer Grünflächen an. Nächtliche Beleuchtung und Spiegelungen bewirken ein belebtes Farbspiel mit der Umgebung und dem Verkehr.

Fotos oben:
Peter Irmai

Foto unten:
Hubert Sandmann

Erinnerungs-Haken
Jost Kleine-Kleffmann, Hannelore Landrock-Schumann
und Frank Overhoff

Erinnerungs-Haken
(Fotomontage)

IN ALLER ÖFFENTLICHKEIT

Irgendwo

zwischen poller hydrant und papierkorb
beim arbeitsamt das nicht mehr dort ist
auf die fremden die nicht mehr hier sind
ein metallhakenhinweis den aber diese
steinköpfe ordentlich gepflastert nicht

lesen können

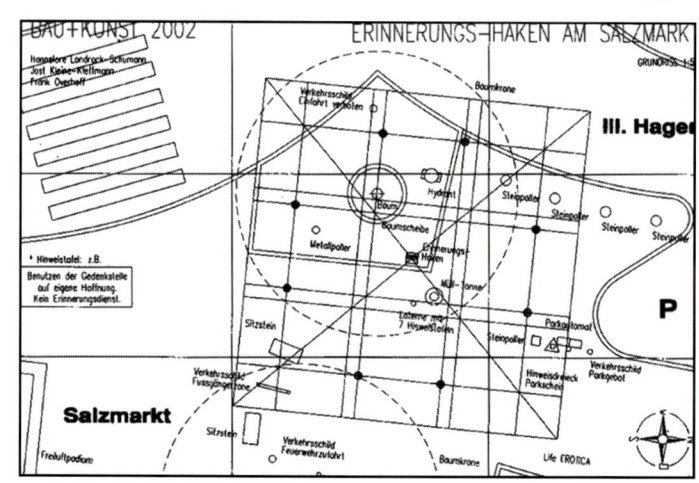

In der Innenstadt entdecken wir einen Ort, der uns – jeden auf seine Weise – reizt. Am Salzmarkt macht uns Jost Kleine-Kleffmann auf dem Bürgersteig des III.Hagen gegenüber der Einmündung der Logenstraße auf eine Metalltafel aufmerksam. In Form eines kleinen Stehpults verweist sie auf die Zwangsarbeiter, die während des Zweiten Weltkriegs in Essen zur Arbeit gezwungen wurden, sowie auf die Rolle des ehemals hier gelegenen Arbeitsamtes und der Wirtschaft der Stadt.

Da Frank Overhoff dieses Thema für seinen Wohnort Langenberg erforscht hat, sind wir sehr schnell in einer Diskussion über die Situation, die wir hier vorfinden. Denn die Metalltafel ist in einem Gewirr von Verkehrsschildern, Stein- und Metallpollern, einem Hydranten, einem Parkscheinautomaten, einem Baum und einigen Sitzsteinen nahezu nicht mehr wahrnehmbar. Was besagt das für den Umgang mit den Zwangsarbeitern von einst? Wie kann das Erinnern an sie lebendig bleiben, wenn die Zeichen des Erinnerns nicht gesehen werden? In unseren Diskussionen wird klar, dass wir von dem Widersprüchen dieses Ortes nicht absehen können. Wir experimentieren zunächst mit Elementen einer Baustelle: mit Absperrungen und Schildern, um Ort, Metalltafel und Erinnerungstext wahrnehmbar werden zu lassen. Doch das Paradigma „Baustelle" überzeugt uns nicht.

Schließlich entwickelt sich aus den Anstößen von Hannelore Landrock-Schumann ein neues Konzept: auf Bürgersteig und Straße wird ein weißes quadratisches Feld markiert, in dessen Mitte achsensymmetrisch das hakenförmige kleine Pult steht. Die herumstehende „Stadtmöblierung" zeigt sich jetzt wie zufällig hingesetzte Objekte. Sie wirkt auf dem weißen Untergrund merkwürdig präsent. Im Abstand zum „Haken", aber parallel zu seinen Achsen, stehen weiße beschriftete Schilder. In allen vier Richtungen sind jeweils zwei Texte lesbar. Mit ihnen bringt F. Overhoff diese unwirklich-realexistierende Situation zur Sprache. Mit verfremdeten Texten bekannter Warn- und Verbotstafeln stellen sich die Schilder dem Betrachter entgegen und beziehen ihn in die Auseinandersetzung mit den vergangenen Verbrechen und der gegenwärtigen Erinnerung daran ein. Die Größe des weißes Quadrats macht es ebenso auffällig, wie sie auch dafür sorgt, dass ein Fußgänger – neugierig geworden oder ohnehin hier unterwegs – dieses Feld betritt. Die Anonymität, die das graue Pflaster sonst bietet, weicht an dieser Stelle einer Präsenz, die nicht nur die Objekte, sondern auch den Fußgänger selbst erfasst. Überdeutlich wahrnehmbar wird auf dieser weißen Fläche alles, - bis hin zur zerknüllten Zigarettenpackung oder der Blüte, die jemand neben den „Haken" gelegt hat.

Das Verfremden der gegebenen Situation macht nicht nur die Plazierung der Metalltafel und damit das Umgehen mit der Vergangenheit der Zwangsarbeiter und der Erinnerung daran überdeutlich, vielmehr erschafft es selbst einen Raum, der das Erinnern befreien kann.

Vorsicht Gedenkstelle **LERNGEFAHR**	**KEIN ÖFFENTLICHER DURCHBLICK** Unbefangenen ist der Zutritt verboten Kinder haften für ihre Eltern
Privatabgrundstück! Unberechtigt abgestellte Nachforschungen werden erinnerungspflichtig fortgesetzt	**Aufenthalt im Gedenkbereich während des Betriebes verboten**
Benutzen der Gedenkstelle auf eigene Hoffnung **Kein Erinnerungsdienst**	**Schuld abladen verboten**
Vorsicht **TAGESBRUCH** Befestigte Vorstellungen nicht verlassen	**Vergangenheits-Anlage** Zeugen- und Expositionsgefahr Trauern und Umgang mit offener Verpflichtung oder Zeugen verboten

shoppen & gleiten
Sigrid Lange und Heinrich Oppelt

Bauschild in der Limbecker Straße

Textteil des Schildes: shoppen & gleiten - eine Innovation für die „Limbecker"! Auf einem motorisch betriebenen Laufband kann man mühelos die Straße hinauf gleiten. Das in den Boden eingelassene Band kann jederzeit betreten und wieder verlassen werden. Wir sind an Ihrer Meinung interessiert – rufen Sie uns an!

Die Idee find ich gut, super sogar, vor allem für ältere Leute; nur müssen Sie in erster Linie das Parkproblem in den Griff kriegen. Diese heißen Politessen, die Sie hier rumlaufen haben im Essener Raum, das geht auf keine Kuhhaut! Ich bin fast täglich in Essen, und wenn ich in der Stadt ankomme und die Parkplätze sind alle leer, nur weil hier die heißen Politessen rumlaufen, kann das nie was werden. Denn dadurch soll ja die Kaufkraft angezogen werden. Fahren Sie nach Oberhausen, da ist das Parken kostenlos x x x Ja, guten Tag. Ich find die Idee prima, bin schon etwas älter und wenn man mit vollen Taschen da von Karstadt kommt ist das natürlich 'ne schöne Sache. Also ich bin voll dafür. Danke, tschüß x x x Schön guten Tag, Lenz ist mein Name, und ich habe gerade Ihr Plakat in der Stadt gesehen und find das vollkommen schwachsinnig. Sie sollten Ihr Geld mal lieber für was anderes ausgeben, anstatt für solch eine sinnlose Idee, evtl. für Parkplätze oder Sonstiges. Auf Wiederhören x x x Ja, hallo, Schumacher mein Name, wir haben einen Laden hier auf der Limbecker Straße und finden es total Klasse, dass ist echt mal was Innovatives, Neues und wirklich 'ne gute Idee. Wir hoffen natürlich, dass das ganze verwirklicht wird. Tschüß x x x Also hier ist Frau (Name?) aus Essen. Ich würde das sehr begrüßen mit dem Band, denn ich bin herzkrank und habe Bypässe und ich gehe gerne die Limbecker hinauf, aber das macht mir sehr viel Mühe, weil das ja ansteigt. Also dieses Band, ich finde das wäre überhaupt für Behinderte ganz toll. Ich habe die Erfahrung vom Flughafen mit den Bändern und das finde ich ganz große Klasse. Also ich würde es sehr begrüßen, wenn Sie das in Erwägung ziehen. Ich bedanke mich. Auf Wiederhören x x x Ja, Wolfgang Tietze, aus der Werder Str. 22, in Essen, guten Tag. Ich find die Idee prima, bin schon etwas älter, und wenn man mit vollen Taschen da von Karstadt kommt ist das natürlich 'ne schöne Sache. Also ich bin voll dafür. Danke, tschüß x x x Ja, hallo hier ist Sebastian und Christina, ich red' mal kurz für uns beide. Wir finden das Laufband nicht so gut, weil die Leute dann noch fauler werden, noch dicker und immer ungesünder leben – die sollen sich ruhig mal ein bisschen bewegen. Tschüß x x x Ich weiß aber auch nicht, wie Sie auf so eine Scheiße kommen können, was das überhaupt für ein Blödsinn sein soll, mit einer Rolltreppe hier die Straße hochzufahren. Ja, ich meine also, das ist eigentlich alles, was ich dazu zu sagen habe. Ja, tschüß x x x Ich halte, – Guten Abend. Ich halte diese Idee für überflüssig, vollkommen überflüssig, denn 1. ist der Weg nicht so steil, 2. ist die Limbecker relativ eng und 3. haben wir ja sicherlich wesentlich wichtigere und bessere Dinge, die mit dem Geld finanziert werden könnten. Wer soll das denn überhaupt bezahlen? Und wer soll denn dann für die Unterhaltung aufkommen? Wenn diese Rolltreppe oder wenn dieser Rollweg dann öfter stehen bleibt ist er ja völlig sinnlos x x x Ja, hier ist (Name?) und ich finde das eine ganz tolle Idee. Vor allem, wenn man von Karstadt nach oben geht, also das ist ja wirklich immer strapaziös, und wenn man dann vielleicht zweimal hin- und hergeht, dann ist man schon geschafft. Also ich finde das ist 'ne ganz tolle Idee und ich befürworte das und ich finde das wirklich ideal. Vielen Dank, tschüß x x x Kaiser, guten Tag. Ich hab Ihre Werbung in der Limbecker gesehen für Schoppen und Gleiten und find das ne sehr pfiffige Idee, kann mir auch gut vorstellen, dass es auch gut grad in der Limbecker ankommt, würde mich freuen, wenn ich von Ihrer Seite auch eine Resonanz bekäme, wie das bei Ihnen angekommen ist . Wir sind selber Eigentümer in der Limbecker Straße, das wäre auch eine Geschichte, wo wir uns vorstellen könnten uns evtl. zu beteiligen, oder das man mit anderen Eigentümer da was zusammen macht. x x x Winkelmann, guten Tag. Da Sie nicht in der Lage sind, das richtig ordnungsgemäß zu machen, bitte ich Sie, davon Abstand, dringend Abstand zu nehmen, denn sonst ist während der Reparaturen und des sonst technischen Ausfalls nur Chaos auf der Limbecker. Tschüß x x x Schön guten Tag, mein Name ist Harald Pegler, 40 Jahre alt, und ich bin vollkommen begeistert von dieser Idee, weil dann Essen endlich mal zeigt, dass es echt innovativ vorangehen kann. Ich denke auch, gerade bei dem Gefälle in der Innenstadt ist das eine sehr sinnvolle Sache, die von sehr vielen Leuten genutzt werden sollte, abgesehen einfach von dieser, ja neuen Idee, die sehr viel Kaufkraft nach Essen reinziehen würde. Also ich würde es genießen, ich würde mich auch für meine Familie freuen, denn ich denke, dass ist für alle eine gute Sache, wenn Sicherheit usw. natürlich beim Betreten und Verlassen gewährleistet sind. Ich denke, es ist ne sehr gute Sache. Tschau x x x Also ich kann nur sagen, wer hat sich denn den Schwachsinn ausgedacht? Das ist furchtbar, dafür Geld auszugeben, das ist hirnrissig. Ich bin dagegen x x x Ja, hier ist Andreas, hallo. Ich wollt nur meine Meinung zu dem Band sagen: Ich find das 'ne sehr gute Idee, wenn man nicht mehr immer hoch- und runtergehen muss. Aber ich befürchte fast, dass die Stadt aufgrund irgendwelcher Sicherheitsvorschriften einen Weg findet so eine Innovation zu blockieren. Ansonsten wollte ich mal sagen, dass meine Freundin und ich das sehr gut finden und dafür sind. Wir danken. Tschüß x x x Ja, also, ich find das Klasse. Die Idee hatte ich ja eigentlich schon ganz, ganz lange, also immer, wenn ich mit de' Taschen von da unten komme und ich, ich lauf nicht so gerne und also, ich find die Idee Klasse. Nächstes Mal, wenn ich in Essen bin, ist das hoffentlich fertig. Tschüß.

Auszug aus
über 100 Anrufen

stattwald
Frank Ahlbrecht, Anne Berlit und
Dorothee Bielfeld

Fotos:
Deimel+Wittmar,
Essen

Die Arbeit stattwald ist eine temporäre Installation auf dem Kennedyplatz in Essen. Das 500 qm große, begehbare Podest und der künstlich geschaffene Wald aus 126 Birkenstämmen führen einen Dialog mit dem Umfeld und sensibilisieren den Besucher für neue räumliche Möglichkeiten in der Stadt.

Der Kennedyplatz existiert erst seit der Zerstörung Essens im 2. Weltkrieg und ist somit kein geplanter sondern ein zufällig, willkürlich entstandener. 1951 wurde das früher Amerikahaus genannte, jetzige Europahaus mit einer dazugehörigen großzügigen Grünanlage erbaut. Nach den Plänen der Stadt sollte das Amerikahaus lediglich für einen Zeitraum von 10 Jahren auf der größten innerstädtischen Freifläche stehen, um danach dem Platz eine klare rechteckige Form zu geben. Die Grünanlage verschwand 1959 und zurück blieb ein relativ kleines Europahaus in einer Ecke des riesigen Kennedyplatzes. Die geplante Platzarchitektur wurde somit konterkariert.

Idee ist es, die monumentale Fläche aufzuteilen in eine Europahausanlage und einen klar definierten Kennedyplatz. Die Gliederung geschieht durch das Zufügen eines Volumens, welches sich auf das Europahaus bezieht und mit diesem ein Ensemble bildet. Der Kennedyplatz erhält so für die Dauer der Installation (9.6.-22.9.2002) eine rechteckige, klare Form.

Das Volumen korrespondiert in Länge, Breite und Höhe mit dem Europahaus und wird aus Birkenstämmen gebildet, die in eine Plattform montiert sind. So entsteht eine Assoziation zu Wald. Die Wahl der Baumart beruht auf ihrer Eigenschaft, Pionierpflanze zu sein. Birken gehören immer zu den ersten Pflanzen, die eine Brachfläche besiedeln, z.B. Mitteleuropa nach der Eiszeit oder ganz alltäglich im Ruhrgebiet die unzähligen Industriebrachen. Die Birken stehen für einen Neubeginn und weisen mit ihrem temporären Installationscharakter eher eine Möglichkeit für einen Wald auf, als selbst einen darzustellen. Hierauf bezieht sich der Titel der Arbeit stattwald, statt eines möglichen Waldes oder einer neuen städtischen Situation. Im Anschluss an die Installation werden die Stämme dem industriellen Kreislauf wieder zugeführt und als Stahlrührer verwendet. Sie machen also gerade eine Kunstpause. Der steinige Platz wird kontrastiert durch die natürlich gewachsenen Birkenstämme mit ihrer lebendig gemusterten Borke. Die Masse der Birkenstämme erzeugt einen künstlichen, aber doch naturnahen und begehbaren Erlebnisraum, der sowohl das bedrohte ökologische Gleichgewicht im urbanen Raum thematisiert, als auch an den verlorenen Garten des Amerikahauses erinnert. Durch die Installation wünschen wir uns eine Sensibilisierung der Besucher, die eine dauerhafte Umgestaltung der Situation ermöglicht.

Daten:
126 Birkenstämme à 8 m Länge, 500 qm Plattform aus 50 cbm Bauholz und 40.000 Schrauben

"... Man wird unbeabsichtigt zum Betrachter-Akteur (J. Claus) und kostet den Rollenwechsel zwischen Statist und Mitspieler. Ganze Familien kommen. Die Kinder erobern sich im Handumdrehen ihren Freiraum, erkennen im Objekt ihren Spielplatz. Aber auch die Erwachsenen erkennen die Chance, sich an diesem Ort zu exponieren. Der außergewöhnlich gestaltete Ort stimuliert Sozialverhalten und Kreativität. Man lässt sich nieder zum Picknick wie auf einer Bühne oder akzentuiert den Raum durch Herumstehen, Diskutieren und Herumgehen. Man spricht über den Ort und seine Wirkung. Der Raum artikuliert sich selbst durch Resonanzen und Holzgeräusche. Alles ist in Bewegung und heiter ..."
Prof. Friedrich Gräsel, Bildhauer

Lichtinstallation „MEERLICHT"
Peter Brdenk und Jürgen LIT Fischer

„MEERLICHT" oder „SCHWARZE MEER IN ESSEN"
eine Straßen - Licht - Installation.

So wie das Schwarze Meer als Binnenmeer, als östliches Nebenmeer mit dem Europäischen Mittelmeer verbunden, ist die Kettwiger Str. der Parallelstraße „Schwarzes Meer" (Bezeichnung für ein Sumpfgebiet) verbunden. Hinter der Essener Flanier- und Einkaufstraße duckt sich eine kleine, selbst am Tag blaß und fad wirkende Straßenführung. Ein innerstädtischer Bereich, der den Reiz einer Hinterhofzufahrt hat. Hier mag sich eine geheime Adresse, ein toter Briefkasten, bestenfalls ein Jazz-Club verstecken. Die überraschende, durchaus auch ironisch zu verstehende Bezeichnung für die Gasse „Schwarze Meer" wird einmal mehr durch einen besonderen architektonischen Umstand gespiegelt: Eine Hauswand schwarz wie Kohle, geschoßhoch, fensterlos, durchmißt auf einer Länge von ca. 35 m fast den gesamten Straßenverlauf. Diese Wandfläche zeigt sich uns als schwarzes Brett. Und im Umfeld - schwarze Fronten, schwarze Hauswände, schwarze Fassaden, schwarzes Pflaster - schwarzer Himmel? Sieht so das Innere des idealen schwarzen Körpers aus?

 Die Straßen-Licht-Installation „MEERLICHT" nimmt Bezug auf diese Situation. So willkommen hier selbst über Tag Licht ist, so angeraten erscheint es, dem „Schwarze Meer" ein höchst eigenes Licht zu geben. Ein Licht, das weder das Schwarze Brett überflutet, noch den schwarzen Raumkörper alle auffallende Strahlung beliebiger Wellenlängen verschlucken läßt. Ein Strahlengang, auf- und abtauchend, von LED-Licht angeregt, begleitet den Betrachter, gibt einen neuen Takt vor, streut farbiges Licht auf die andere Straßenseite, trifft nachgerade ins Schwarze.

 In der Antike hieß das Schwarze Meer erst: Pontus Axenus - was soviel bedeutet wie „Das ungastliche Meer", später dann hieß es: Pontus Euxinus - was soviel bedeutet wie „Das gastliche Meer". Die Straßen-Licht-Installation MEERLICHT" strebt nichts weniger als solchen Wandel an.

 Die Installation besteht im wesentlichen aus einer LED-Technik (Light-Emitting-Diode) und einer Neonlichttechnik. Die 52 Plexiglasstäbe sind über ein Laserverfahren mit einer Struktur versehen, die das intensive Leuchten der Stäbe hervorbringt.

Der Traum vom Bauen
Peter Güllenstern und Georg Ruhnau

Als Geschenk an die Stadt informiert die spanische Bauindustrie die Essener Bevölkerung über sich selbst.

Farbig gefasstes Holzflachrelief Anfang 21. Jahrh. (West-Europa)

Burgplatz-Intervention
Christian Kohl und Ingrid Weidig

Fotos: Ingrid Weidig

Eine ältere Frau steht, leicht verunsichert, um einen halben Meter erhöht auf einer quadratischen Glasebene und blickt hinunter durch ihr Spiegelbild hindurch auf bewegte Bilder, deren gegenständliche Bedeutung sich ihr nicht sofort erschließen. Sie blickt auf, und beginnt ein Gespräch mit einer Passantin... Worüber diese beiden Damen geredet haben wissen wir nicht, aber in diesem Moment ereignete sich lebendige Stadt.

Das Projekt greift genau an diesem Punkt in die Wahrnehmung der Stadt ein. Stadtraum ist mehr als nur der sichtbare Zwischenraum der Gebäude. Stadtraum ist auch der Erinnerungsraum seiner Bewohner. Erinnern aber ist eine Art des Geschwindigkeitswechsels im Alltag. Die Stätten der Erinnerung sind herausgehobene Orte aus der Geschwindigkeit des Gegenwartsraums. Sich erheben aus der Geschäftigkeit der Einkaufsstadt und vereinzeln auf einer Präsentationsebene stellt einen intensiven Willensakt dar. Der Betrachter erhebt sich, um nach unten zu schauen. Die Spannung zwischen Körper- und Sinnesbewegung intensiviert die Konzentration auf die Inhalte. Ein Blumenrondell am Übergang von der belebten Kettwiger Straße zum ins Abseits geratenen Burgplatz wird mit drei großformatigen Monitoren bestückt und mittels Glasplatten abgedeckt und begehbar gemacht. Drei aus der Tiefe projizierte Endlos-Videos „Im Innern der Stadt" zeigen abstrahierte bewegte Szenen aus der Gegenwart des Burgplatzes und seiner Umgebung sowie Bilder und Textfragmente zu seiner wechselhaften Vergangenheit. Historische Spuren werden sichtbar gemacht und Elemente der Stadtgeschichte heutigen Stadtsituationen gegenübergestellt. Auf den beiden äußeren Monitoren sind alltägliche Szenen zu sehen: Auf der Einkaufsstraße vorbeilaufende Menschen, dazwischen Tauben, Hunde und Fahrräder, teilweise extreme Zeitlupenaufnahmen, die am Computer verfremdet wurden. Die alltäglichen Szenen entstammen der Gegenwart: Sind sie nicht Spiegelungen eines zeitlosen Alltags? Die Bildinhalte verweisen auf die Wirkung von Traumbildern und Gedankensplittern. Aus der unspezifischen Erinnerung entwickelt sich die Wahrnehmung historischer und biographischer Fakten. Im mittleren Film sind Bilder und Texte aus der frühen Stadtgeschichte von ca. 850 bis 1244 zu einer Collage zusammengefügt: „Im Innern der Stadt – Geheimnisse der Vergangenheit". Gezeigt wird die im Verborgenen gebliebene Geschichte der Stadt, die weitgehend bilderlos und mit nicht gesicherten Schriftquellen auf unsere Tage gekommen ist. Der Betrachter ist aufgefordert, diese Lücken mit seinen Erfahrungen zu schließen und so eine gemeinsame Geschichte zu schreiben.

Die Installation entwickelt ihre prägnante Wirkung zum Tageswechsel und Ende der Geschäftszeiten am Abend oder in der Nacht, wenn die ausgeprägte Unterschiedlichkeit der Tages – und der Nachtbevölkerung deutlich wird. Liegt die Arbeit tagsüber am Rande der Fußgängerströme und sichtbar an der Geländekante des Platzes, wird die bewegte Lichtoberfläche am Abend zu einem konzentrierten Punkt, der selbst zum Ziel wird.

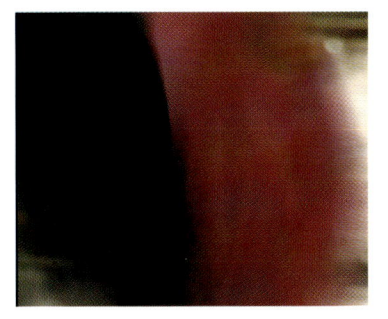

Bazar
Friedrich Mebes und Gerda Schlembach

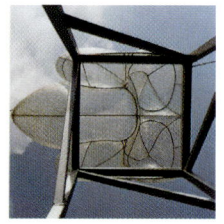

Fotos:
Gerda Schlembach,
Michael Kneffel

30

Die Grenze der Essener Innenstadt ist umsäumt von einer 4-spurigen Straße, die die angrenzenden Stadtteile fast hermetisch vom Zentrum abschneidet, – sie wirkt, ähnlich wie ein mittelalterlicher Stadtgraben, ein- und ausgrenzend. An dieser lauten, staubigen Peripherie hat sich in fast geschlossener Kette eine multikulturelle Szene mit kleinen Geschäften und exotischem Warenangebot etabliert, in konzentrierter Häufung entlang der Friedrich-Ebert-Straße. Jenseits dieser Straße geht der Blick über eine riesige Brache, hinter der die Universität Essen den Horizont bildet.

An diesem wenig beachteten Ort städtischer Urbanität haben die Künstlerin Gerda Schlembach und der Architekt Friedrich Mebes für das Projekt BauKunst/Stadtzeichen mit ihren künstlerischen Interventionen für Aufmerksamkeit gesorgt. Vier Monate lang wird eine im Windschatten der Verkehrsplanung liegende Geschäftszeile zum Blickpunkt: Schon von weitem sieht man auf dem breiten grünen Mittelstreifen hochaufgeständerte transluzide Gebilde, die bequeme Sessel oder auch Blüten sein können. Durchscheinend wie mattes Glas fangen sie Licht bis in die späten Abendstunden. Sie geben der Straße etwas Festliches, fordern auf innezuhalten und in die angedeuteten Richtungen zu blicken.

Die grünen Streifen, die Gerda Schlembach als Fahrbahnmarkierung aufmalen ließ, verbinden die Nordperepherie der Stadt mit dem nutzlosen Grün in der Fahrbahnmitte. Doch sind diese Markierungen auch Zeichen dafür, den Gürtel zu überwinden, Ausfransungen und Verzahnungen möglich zu machen. Zumindest ist der gewöhnliche Fluss des Gewohnten ein wenig gestört und man findet einen Blick für das Vorhandene:

Auf der Stadtseite Geschäfte, die hinter dem Parkstreifen das schmale Trottoir zur Hälfte mit Obst und Gemüse besetzen, und auf der anderen Seite Plakatwände, die nichts anderes zeigen als die Schaufenster der Geschäfte auf der Gegenseite. Hier wird keine teure Marke beschworen, sondern eine Spiegelung vorgenommen. In der Reflexion erscheint zugleich die gegenüberliegende Universitätssilhouette, die mit den seltsamen, unspektakulären Auslagen zu einem Bild verschmilzt. Trommeln, Wasserpfeifen, Reissäcke, Kochgeschirr, alles ist wie in einem Warenlager gestapelt. Auf den Scheiben kleben Hinweise auf den eigenen Betrieb und Informationen für Kunden und Freunde, fast wie in der Uni gegenüber am sogenannten Schwarzen Brett.

Grünstreifen, Plakate, mit dem Auto ist man schnell vorbeigefahren. Die wichtigste und augenfälligste Intervention Gerda Schlembachs, die Sessel, bleiben jedoch noch eine Weile als Nachbild vor Augen: Gerda Schlembach hat diese Sitzmöbel als Ort des Aus- und Entspannens schon früher thematisiert. Sie sind orientalischen Ursprungs und seit dem Spätbarock Bestandteil abendländischer Geselligkeit, was meint: wir lehnen uns zurück, vergessen die Zwänge des Alltags und träumen ein wenig. Dann fällt vielleicht auf, das stadtplanerische Unorte schon längst ihr eigenes Leben entwickelt haben und man nur das schon Vorhandene wachsen lassen muss.

"Bazar", 2002
3 Skulpturen aus Kunstharz und Glasfaser mit verzinkter Stahlkonstruktion im Inneren auf 4 m hohen Stahlrohrgestellen, 5 Plakatwände, je 250 x 350 cm, und grüne Fahrbahnmarkierung

StadtStille
Sophie an der Brügge, Rolf Lieberknecht,
Patrik Bayer und Wolfgang Müller-Zantop

Zeit-Rost-Spuren

Wo ist Ruhe bemerkenswerter als dort, wo sie von geschäftigem Treiben umgeben ist, wo Vergänglichkeit spürbarer als an jenem Ort, wo sie auf die Vision von Unsterblichkeit trifft? In einem Raum, der von der Idee eines religiösen Weltbildes beseelt ist, erscheint das Weltliche und Alltägliche noch flüchtiger.

Dies ist die Situation, die wir im Kreuzgang der Münsterkirche in der Stadtmitte und auch Einkaufsmeile Essens als Schnittstelle jener Gegensätzlichkeiten vorfinden. Auf seiner innen liegenden Ebene, die hauptsächlich niedrig begrünt ist, steht ein singulärer Baum, der mit knorrigem Wuchs selbst fast schon skulpturale Qualität besitzt. Mit unserer Arbeit möchten wir gleichsam in der Sprache der Natur und in einer kontemplativen Weise darauf antworten; denn besonders die Natur vermag es, elementare Gegensätze zu vereinen: dem Aufwachsen, Aufblühen und dem Offenbaren der Schönheit folgt das Verwelken, Absterben und Zerfallen, um dann aufs neue im Rhythmus der Jahreszeiten zu sprießen.

Wir plazieren im Schatten dieses Baumes zwei stählerne Körper, in denen je ein eigenwillig strukturierter Baumstamm eingebettet ist. Beide Stämme befinden sich jedoch in einem verschiedenartigen polaren Zustand: der eine gleichsam im Leben konserviert und eingefroren in einem massiven Eisblock, der andere verbrannt, aber vom Feuer noch nicht verzehrt. Besonders an diesem Ort mag man hier an den brennenden Dornbusch im zweiten Buch Mose erinnert werden, durch den Gott Moses in der Wüste erscheint und ihm die Führung seines Volkes in das Gelobte Land befiehlt. Aber wir kennen auch Andersens Märchen von der Schneekönigin, in dem die kleine Gerda durch ihre innige Zuneigung zu ihrem Freund Kay und die heißen Tränen ihrer Trauer es schließlich vermag, sein zu einem Eisklumpen erstarrtes Herz wieder zum Leben zu erwecken.

Zweifellos bisweilen beeindruckende Glitzerwelt auf der einen, und Raum für innere Einkehr auf der anderen Seite finden ihre Verknüpfung durch eine architektonische Heranführung (Brücke, Schwelle) zu dieser geschützten Stätte, an der der so gelenkte oder auch zufällig vom Hauptweg abgekommene Passant die unverhoffte Stille wahrnehmen und auf seine inneren Geschichten hören kann.

eingefrorenes Baumstück

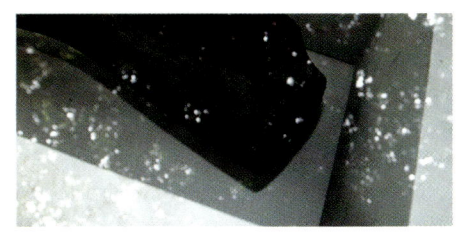

verbranntes Baumstück

Heranführung

Stadtwunde
Astrid Bartels und Werner Ruhnau

Treppenaufgang
Porscheplatz

Ort der Erinnerung

Hier, mitten in Essens Innenstadt, etwa unterhalb des City-Centers, errichteten die Nationalsozialisten eine Außenstelle des Konzentrationslagers Buchenwald, „Schwarze Poth 13". Von Buchenwald brachte die SS an die 150 Häftlinge hierher, die im zerstörten Essen Bomben entschärfen und schwerste körperliche Aufräumarbeiten verrichten mussten. Sie haben hier von 1943 bis 1945 gelebt, hungernd und unter den primitivsten Verhältnissen. Wer sich seiner Arbeit widersetzte, wurde wieder nach Buchenwald zurückgeschickt – in den sicheren Tod.

Treppenaufgang Porscheplatz: Unsere Installation erinnert durch symbolische Gestaltung an diese menschenverachtenden Taten im zentralen Stadtraum. Das Projekt „Stadtwunde" verändert den Ort durch die künstlerische Gestaltung. Stilisierte Baumgruppen aus acht Buchenstämmen assoziieren „Buchenwald". Sie verändern den Treppenaufgang, der in grünes Neonlicht getaucht ist (Lichttechnische Beratung und Ausführung: Peter Kremer). Text und Wortfragmente informieren über den „Ort der Erinnerung".

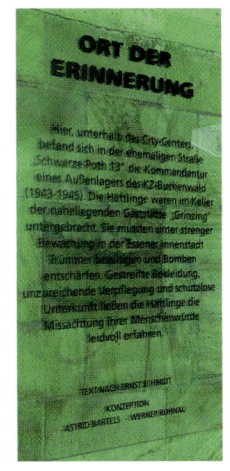

Graffiti-Arbeit   Gedenktafel

Sprachräume
Dirk Hupe und Martin Stotz

Sprachräume
Textfragmente, Folien, Sprühlack, Lichtinstallation 2002

PLAN-SKULPTUR
Renate Neuser und Martin Stotz

Der Plan der Essener Innenstadt mit seinen in Jahrhunderten gewachsenen Straßenzügen wurde der Arbeit zugrunde gelegt. Er dient als Sinnbild für die vielschichtigen Verknüpfungen, Kommunikationsstränge, Bewegungsabläufe und Lebensadern des Stadtkörpers. Es bietet sich aber auch an, ihn als rein ästhetisches Gebilde zu betrachten und in seinem Umriß je nach Blickwinkel einen Flügel, eine Niere, einen Stiefel oder einen Schiffsrumpf zu erkennen. Die Straßen und Wege bilden dazu eine lebendige, netzartige Binnenstruktur. Diese grafische Form reizte zur Veränderung und wurde vor ihrer Umsetzung in ein skulpturales Gebilde mit Hilfe eines Kopierers gestaucht, gedehnt, gebogen, verdreht u.s.w. Sie bleibt aber als eine Art Plan erkennbar. Es könnte ein hypothetischer Plan sein, der Veränderungen aufzeigt, und ungeahnte Straßenzüge, neuartige Kurven oder großzügige Grundstückserweiterungen möglich erscheinen läßt.

Diese zweidimensionale Struktur wurde auf etwa 5 x 3m vergrößert und wie eine große Laubsägearbeit doppelwandig aus Aluminiumblech ausgesägt. Auf die Spitze gestellt und lapidar an eine Wand gelehnt belebt sie eine ruhige Ecke am Kulissenhaus des Grillotheaters im Zentrum der Innenstadt.

Sitzen ohne Bezahlung
Moni van Rheinberg und Frank Köhler

Die Innenstadt. Das Innere. Das Herz. Pulsierendes Leben. Mit Orten der Muße. Der Zusammenkünfte. Des sich Treffens. Des Sehens und gesehen werdens ... Orte und Plätze, die eine Stadt unverwechselbar, individuell, belebend, heiter, nachdenklich, beflügelnd machen, «lebe-voll eben». So sollte es sein.

    Essen. Es gibt viel zu tun. Aus dieser Empfindung heraus entstand der Wunsch einen Platz zu gestalten. Einen Ort zu schaffen in diesem städtischen, übergenutzten Raum, der nicht kommerziell genutzt werden darf. «Sitzen ohne Bezahlung» nannten wir diesen. Zentraler Punkt ist eine Bank mit einer Länge von 8m, von beiden Seiten besitzbar. Sie lädt zum fühlen, entdecken, klettern, sitzen ein. Durch ihre Form (Rundungen in der Sitzfläche, Unregelmäßigkeiten im Rückenbereich) ist eine Dauer-besetzung nicht möglich. Soll sie auch nicht ... Harmonisch fügt sie sich in das Stadtbild ein und steht in angenehmer Konkurrenz zur Rechteckigkeit der Verpflasterung des Bodens und der umliegenden Gebäude. Zu sehen ist auf dieser Bank ein Frauenkopf mit zwei Gesichtern. Die eine, freundlich lächelnd, die andere ein blaues Auge tragend, der Mund verrutscht. Es ist das Private, das einem manchmal so widerfährt. Aber es ist auch das öffentliche Leben damit gemeint, die Umstrukturierung des Ruhrgebietes, die nicht nur froh macht. Sie hinterläßt auch Wunden, und so kann Mensch sich glücklich schätzen, mit einem blauen Auge davonzukommen...

    Der Fisch auf dem Kopf steht für das Unbewußte, die Tiefe, die Lust. Lebenslust. Lust zu verändern. Vielleicht auch: «Von der Schieflage zur Lebenslust ...». Die grünblauen Haare gehen hin zu einem Vogelähnlichen Wesen. Sinnbild der Freiheit, des Fliegens, des Los-lassens, der Leichtigkeit, der Sehnsucht nach mehr Natur ... So oder ähnlich war es gewesen.

    Kern der Bank sind Ytong-Steine, gesägt, geschliffen, mit einer Stahlmatte versehen, darauf ein Zementgemisch. Fliesenkleber, Fliesen, Mosaike, Glasplatten, Smalten. Verfugt und wieder geschliffen. Die Mosaike waren Bruchstücke oder wurden zerhauen, wurden durch Menschenhand wieder neu zusammengesetzt und geben dieser Bank eine neue unverwechselbare Hand-Schrift.

Im Osten geht die Sonne auf
Jule Kühn und Hans Krabel

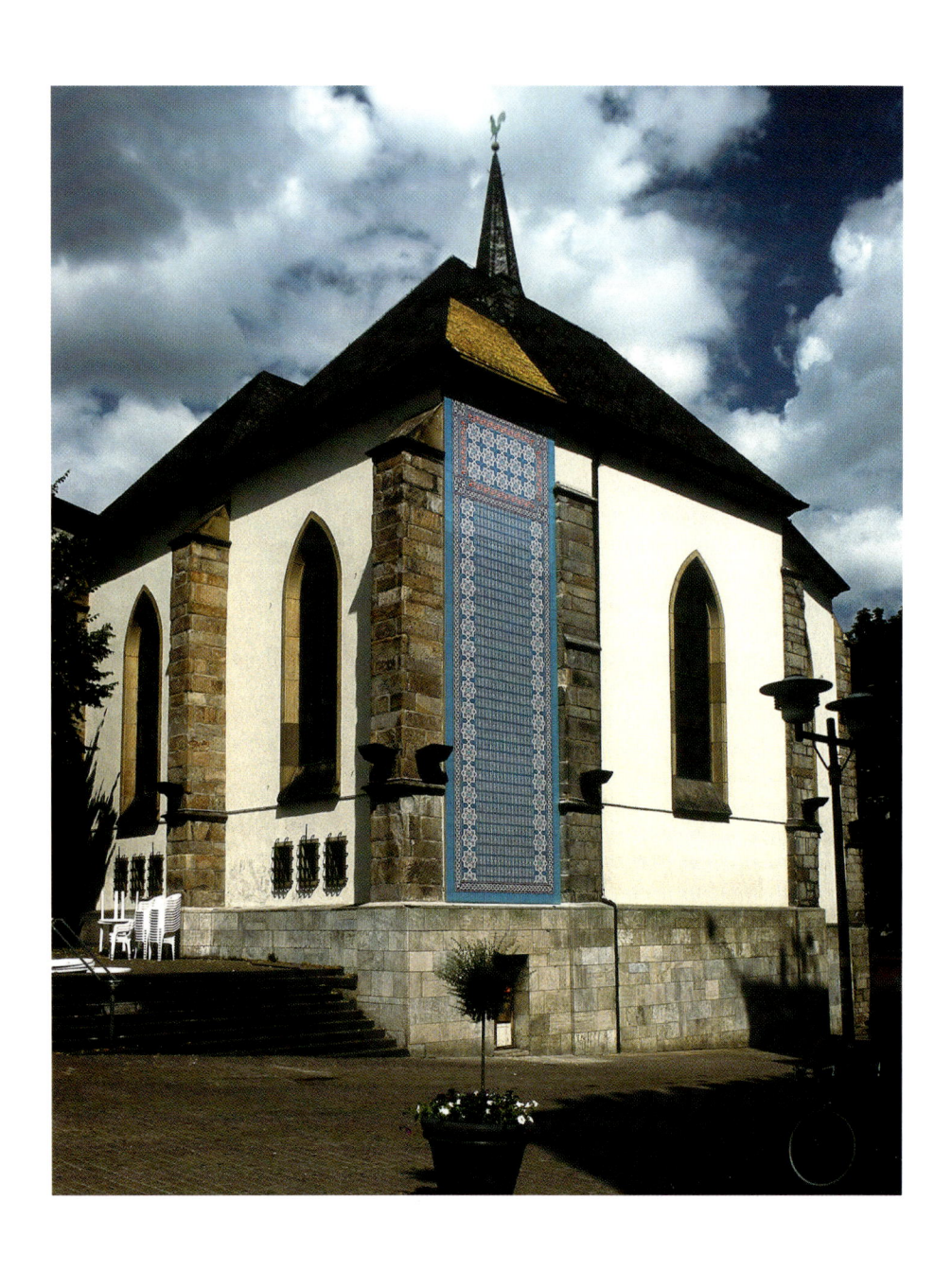

Als der Strom des Islams über seine Ufer trat und das Reich
des Muhammad-Volkes sich über die Länder ausbreitete, die einst
für seinen Propheten „zusammengefaltet "worden waren; als die
Schwerter des arabischen Machtanspruchs über das Meer nach
al-Andalus vordrangen;und als die Araber in diesem Bereiche
erkannten, wie vorzüglich das Land war, und wie gesegnet der
Strand war, hatten sie ihre Freude daran und hielten an: Sie
richteten sich ein, blieben wohnen, pflanzten sich fort, ließen die
Heimat vergessen sein und nisteten sich fest ein; folglich
entfaltete hier der Islam große Pracht, berümte Macht, deren
Reichtum in bezug auf jedes andere Land einzig da stand; deren
Fülle unabhängig machte im Vergleich zu jedem anderen Reich!

„Wilhelm Hönerbach "aus „Islamische Geschichte

Die Marktkirche ist nach Kriegszerstörung in ihrer jetzigen
rudimentären Gestalt neben den wenigen erhaltenen gebliebenen
historischen Gebäuden Gedächnis der Stadt. Angesichts
der ethnischen und religiösen Vielfalt der Bürger Essens sollte die
Kirche auch erinnern an die gemeinsamen Wurzeln der drei großen
Buchreligionen.
Im 7. Jahrhundert ließen die Araber mit syrischen Bauleuten
über den Fundamenten des alten jüdischen Tempels in Jerusalem
den Felsendom errichten, mit den gleichen Maßen wie die christ-
liche Auferstehungskirche auf dem Berg Golgatha. Der Entwurf
stammte von byzantinisch geschulten Architekten, die sich an die
Angaben der Offenbarung des Johannes hielten. Der Felsendom
ist keine Moschee, sondern ein Gedächnisbau, der dem durch
Abrahams Opfer und Mohammeds Himmelsreise geheiligten Felsen
geweiht ist.
Man begegnet einem baulichen Zitat, das vor den Augen die eine
Kultur mit einer anderen verbindet. Man fragt sich, ob denn an
solch einem leicht zugänglichen Ort, auf den man ganz zufällig
stößt, Diskussionen über das Miteinander der Menschen in seinem
eigenen Kulturkreis stattfinden. Und begegnet der eigenen Verantwortung, die ein gesellschaftliches Miteinander erst ermöglicht.

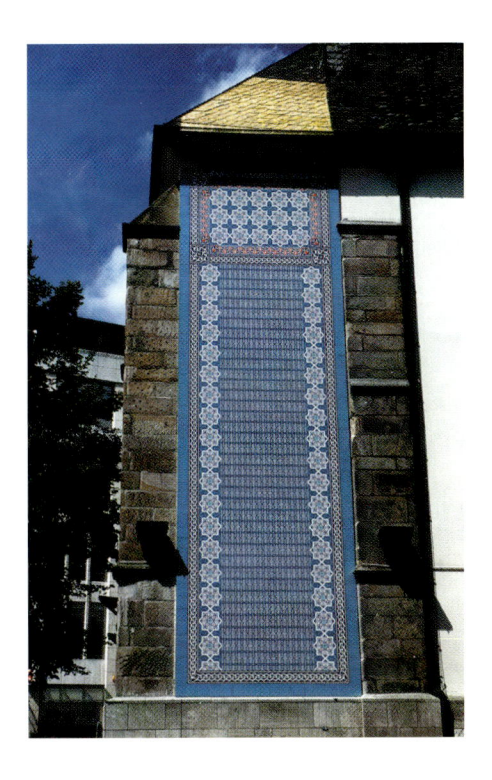

Ungestörtes Wachstum
Eckhard Schichtel und Matz Schulten

An der Freiheit ist die Straßenbenennung des Ortes an dem fünf Säulen, aus grobem Stahl, mit rostiger Oberfläche, ausgerichtet in einer Achse, als Bauwerke den Raum für fünf Grashalme definieren. Der Ort, eine von ständigem Verkehr umfahrene Insel, ist ohne Risiko nicht zu erreichen. Ein Betreten der Insel ist nur durch ein verkehrswidriges Verhalten möglich. Eine Betrachtung der Säulen wird durch drei Beobachtungsplattformen erleichtert, die einen erhöhten Stand ermöglichen.

      Die Benutzung eines Fernglases konzentriert den Blick: Bei Bedarf kann unter Verwendung der ausgelegten Gutscheine ein Fernglas bestellt werden. Die Beobachtung ist vom 9.6.2002 - 23.9.2002 ganztägig möglich, danach nur auf Anfrage bei den Künstlern.

ALPHABET DES LEBENS
Eckhard Schulze-Fielitz und
Jems Robert Koko Bi

ZUR ENTSCHLÜSSELUNG DES ERBGUTS UND AM BEGINN DES
BIO- LOGISCHEN JAHRHUNDERTS DIE SKULPTUR DES GENS IN
ABSTRAHIERTER FORM ALS MILLIARDENFACHE VERGRÖSSERUNG
DESSELBEN MIT SEINEN BASENPAAREN AT UND CG.

DIE DOPPELHELIX IST DAS FADENMOLEKÜL DES LEBENS, ETWA
ZWEI NM IM DURCHMESSER UND ALS GENOM EINIGE MM, MIL-
LIARDENFACH MEHRERE KM LANG, VERKNÜLLT AUF ENGSTEM
RAUM IN JEDER ZELLE, OB BLUME ODER BAUM, OB MAUS ODER
MENSCH, OB MANN ODER WEIB, OB SCHWARZ ODER WEISS,
DIE ERBSUBSTANZ DNS IST IMMER EIN SCHRAUBENFÖRMIGER
DOPPELSTRANG, DURCH BRÜCKEN AUS NUR VIER BAUSTEINEN
VERBUNDEN, ADENIN UND THYMIN, GUANIN UND CYTOSIN.
BEI JEDER ZELLTEILUNG TRENNEN SICH DIE STRÄNGE, DIE ERBIN-
FORMATION WIRD KOPIERT UND AN DIE TOCHTERZELLEN,
BEI FORTPFLANZUNG AN DIE NACHKOMMEN WEITERGEGEBEN.

SCHULZE-FIELITZ METAEDER

Baustelle
Patrik Bayer, Wolfgang Müller-Zantop
und Norbert Thomas

Idee:

Aus der Fläche in den Raum.
Integration von Kunst und Architektur.
Aufzeigen von Ordnungsformen und Ordnungsgefügen auf vor-
handenem Raster (Plattierung der Platzfläche).

Konzeption:

Intuitives Setzen von quadratischen Elementen
(Pflasterplatten) innerhalb einer umgrenzten Fläche (Ordnung) als
temporäre Aktion.

- Prozeßhaftes Stapeln in die Höhe
- Prozeßhaftes Zurückbauen und Wiederherstellen der
  Ausgangssituation: die plattierte Fläche.

Waldthausen-Portal
Jost Kleine-Kleffmann, Hannelore Landrock-Schumann und Frank Overhoff

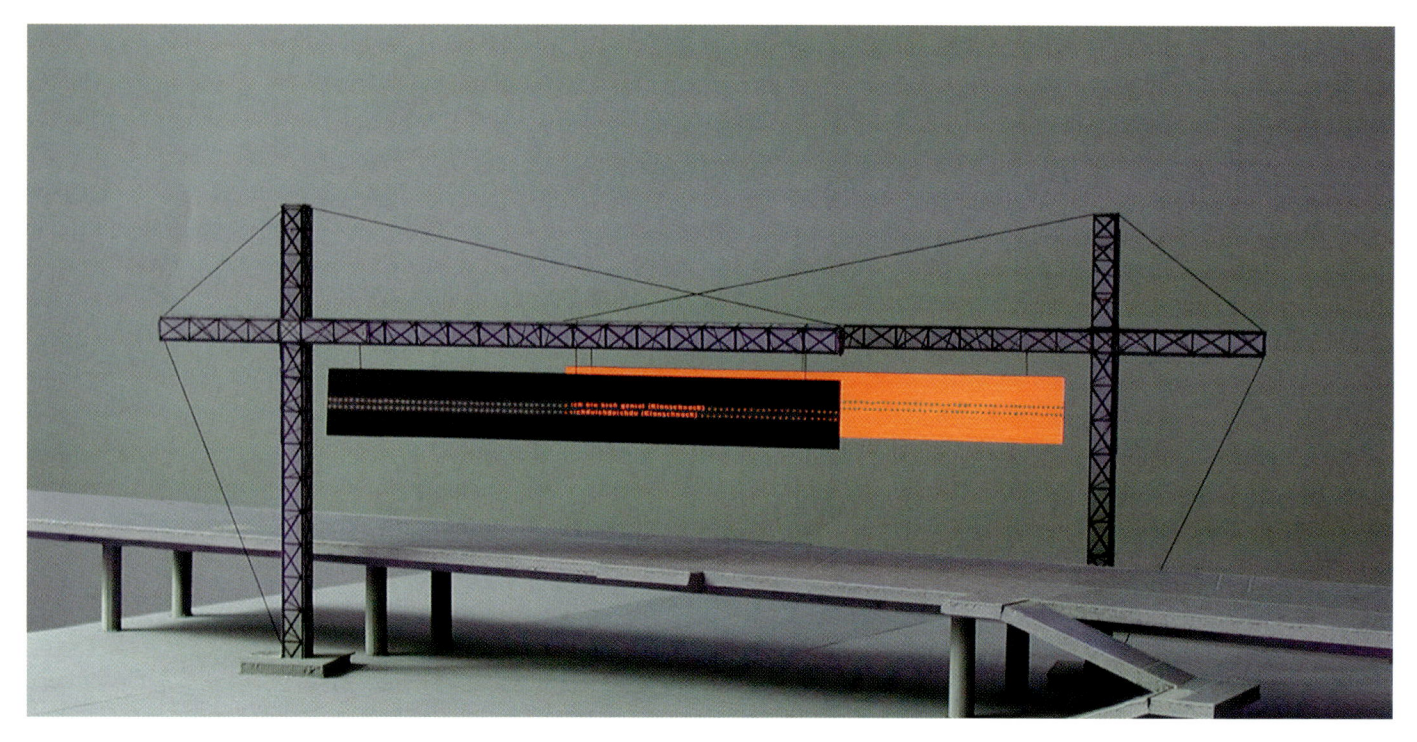

Waldthausen-Portal
(Modell)

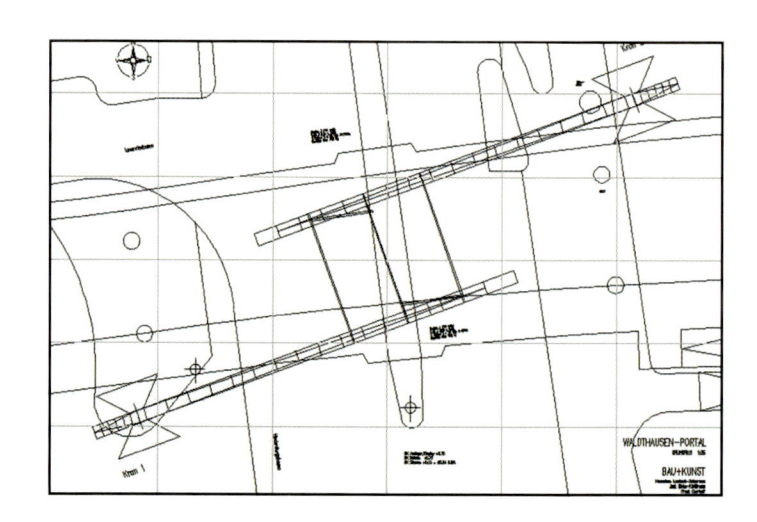

Am Westrand der Innenstadt konzentrieren wir -Jost Kleine-Kleffmann, Hannelore Landrock-Schumann und Frank Overhoff – unser Interesse auf die Alfred-Herrhausen-Brücke. Sie überkreuzt die Hindenburgstraße und stützt sich mit einem Widerlager auf den Waldthausen-Park, der zwischen grau gewordenen Fassaden nur ein grüner Fleck ist. Das Brückenband selbst macht kein Aufhebens von sich, ebenso wie sein Umfeld. Gespalten durch die vierspurige Fahrbahn, mit outsider-Geschäften und -Menschen und mangelndem Publikumsverkehr, dient diese Situation lediglich als leidige Strecke zur Innenstadt und wieder hinaus. Die Unausgesprochenheit aber auch Vielschichtigkeit dieses Ortes mit all seinen trennenden und verbindenden Elementen wollen wir den Durchfahrenden zeichenhaft sichtbar machen und „zur Sprache bringen". Aus unseren Diskussionen entwickelt sich die Vorstellung eines „sprechenden" Portals, das als große „Klammer" Hindenburgstraße und Brücke diagonal überspannt und verzahnt.
Das Problem dabei ist „nur", die Dimensionen mit einer machbaren technischen Lösung zu bewältigen, die inhaltlich wie formal selbstverständlich erscheint.

    Die „einfache" und unkonventionelle Antwort darauf liefern uns zwei Baukränen, die das Gerüst des Portals bilden. Von den Auslegern dieser Kräne werden auf ganzer Länge Tableaus abgehängt, in die jeweils ein schwarzgrundiges Display mit rot leuchtenden Zeichen integriert ist. Sie bieten an der Stelle von Verkehrszeichen oder Werbetafeln hier ein „TorHighLightSystem" - kurze wechselnde Texte, wie etwa Aphorismen oder Kurzgedichte (Auswahl rechts), die dem Passierenden nicht von oben herab, sondern nachdenklich, augenzwinkernd oder fragend entgegenkommen.

    Die beiden schwarz gestrichenen Kräne mit den nach außen hin schwarzen und nach innen hin fluoreszierend roten Tableaus fügen sich optisch zu einer „Klammer" zusammen. Diese ist diagonal mit dem Kreuz aus Brücke und Straße verzahnt, allerdings nur aus Sicht der Hindenburgstraße, denn auf der Brücke stehend sieht man, dass die „Klammer" in sich geöffnet ist und hier ihre roten Innenflächen auf ganzer Länge zeigt.

    Verbindung und Trennung – die beiden Pole dieses Ortes – vereinen sich zeichenhaft: die schwarzrote „Klammer" bildet zum einen ein prägnantes, nobles und energetisches Stadttor. Zum anderen sind aber auch - durch die optischen Verschiebungen der Ausleger und der leuchtend roten Innenflächen der Tableaus - Zwiespalte und Reibungsflächen des Umfeldes symbolhaft interpretiert.

    Im Dunkeln ist von den Kränen kaum mehr etwas zu sehen. Unwirklich verbinden sich die rot leuchtenden Schriftzeichen mit den illuminierten Tableaus zu einer horizontalen Lichterscheinung, die unwirklich über der Kreuzung von Straße und Brücke zu schweben scheint.

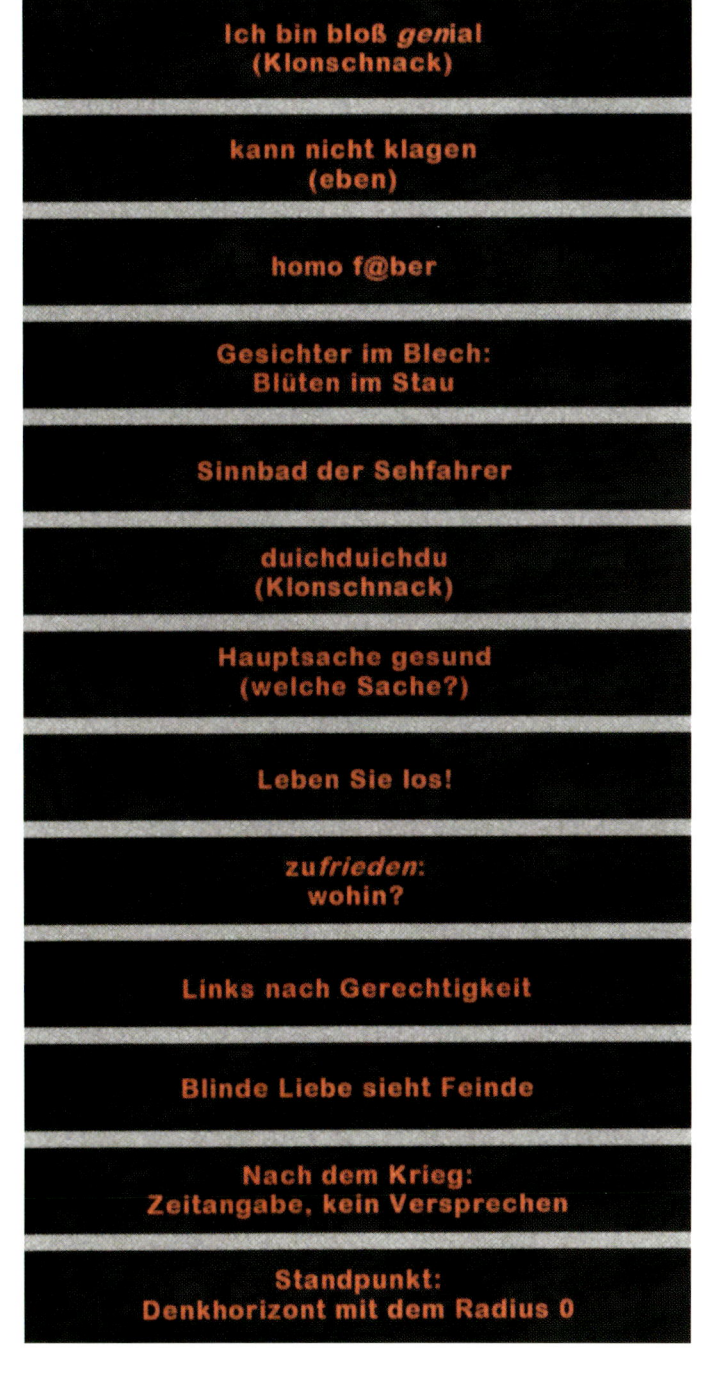

Ich bin bloß *gen*ial
(Klonschnack)

kann nicht klagen
(eben)

homo f@ber

Gesichter im Blech:
Blüten im Stau

Sinnbad der Sehfahrer

duichduichdu
(Klonschnack)

Hauptsache gesund
(welche Sache?)

Leben Sie los!

zu*frieden*:
wohin?

Links nach Gerechtigkeit

Blinde Liebe sieht Feinde

Nach dem Krieg:
Zeitangabe, kein Versprechen

Standpunkt:
Denkhorizont mit dem Radius 0

Die Vor-Stellung – Ein abwesender Kimono
Holger Gravius und Gianni Sarto

Zum Erleben auch einer fernen Kultur inspiriert diese Beton gewordene Vor-Stellung. Ebenso wie der abwesende Kimono als Ausschnitt im öffentlichen Raum, quasi aus heiterem Himmel, die Abwesenheit von Kultur greifbar macht.

Foto oben: Sven Lorenz

Durch Architektur vom Gewand zur Skulptur: Der Anzieh-Gegenstand, wörtliche Übersetzung von Kimono, wird architektonisch umgesetzt in eine Ent-Faltung aus rotem durchgefärbtem Beton und so zum Anzieh-Punkt für öffentliche Betrachtung.

Durchaus provozierend steht die Vor-Stellung vor dem Grillo-Theater, weckt Neugier, lädt zu Diskussion und Benutzen. Der abwesende Kimono vermittelt – transparent, kommunikativ und irritierend zugleich – als Durchblick zwischen Alltag und Kunst: In südafrikanischen schwarzen Granit geschnitten, gibt seine Silhouette am Ende der roten Betonbahn die Sicht auf die Stadt oder, umgekehrt, auf das Theater frei. Hier findet Vor-Stellung in vielfacher Bedeutung statt: Als Präsentation, als Imagination, als Verweis auf Aktion im Theater im Hintergrund und Aneignung des Anstoßes zur Auseinandersetzung im Vordergrund. Bewusst steht die Vor-Stellung als BauKunst publikumsnah inmitten des Cafés, den Fragen und Kommentaren offen preisgegeben. Jeder konstruktive Umgang mit der Vor-Stellung, sei es als Bühne, Podest, Speisetafel, Sitzmöbel etc., ist ihren beiden Schöpfern willkommen.

In der Zusammenarbeit von Sarto und Gravius entstand aus Sartos Leitmotiv Kimono ein Objekt imaginierbarer Interaktion zwischen Theater und Außenbereich, zwischen Einladung und Spiel, zwischen Betrachten und Verweilen. Eine Auseinandersetzung mit Ästhetik, die BauKunst in das Stadtbild integriert und Kunst zum täglich gegenwärtigen Gegenstand macht.

Kunstgerecht erfolgt die Verwandlung von Maß und Material, in dem Sarto und Gravius die Originalstoffbahn von 40 cm Breite und 14 Metern Länge, in Japan Tanmono genannt, zu 2 Metern Breite und 14 Metern Länge umrechnen und die originale Seide aus Zement, Pigmenten, Sand, Kies, Wasser und geheimen Zusätzen als Beton weben. Gliederung und Radius der verschiedenen Abschnitte der Skulptur folgen den Proportionen des von Sarto entwickelten Schnittes seiner Kimono, der Stoff- und Futterlänge und deren jeweils halben Längen. Stufenweise faltig wächst der Architekturkörper in den Raum wie eine aus fließender Seide geworfene Bahn. Trotz der Ausmaße und einem Gewicht von ca. 14 Tonnen wirkt die Vor-Stellung bewegt und filigran.

Sie ist als non-verbale Kommunikation zu verstehen wie der japanische Kimono. Während dieser über die an Situationen gebundenen Formen und Muster traditionsgemäß Konsens mit Gesellschaftsnormen signalisiert, verkörpert aber das Objekt vor dem Grillo-Theater unverhüllten Diskurs: und zwar zwischen jenem uns fremden, hoch stilisierten, Distanz betonenden Gewand und dieser in das Begegnungsfeld der Meinungen gesetzten architektonischen Skulptur aus dem Granit und Beton des Alltags.

Ausgefaltet erstreckt sich die Vor-Stellung im unpoetisch nüchternen Stadtraum und vermittelt zugleich den Gedanken, die Blicke in ihr Geheimnis zu ziehen: Parallel und anschaubar gemacht, umspielen den Betrachter zwei Erlebensinhalte – das Fluidum eines realen Kunstwerkes aus kühlem Baumaterial und die illusionäre Berührung durch ein lebendiges Gewand. Gianni Sarto und Holger Gravius haben eine ursprüngliche Wahrnehmung des Kimono als bewegte Skulptur um einen menschlichen Körper zur ortsbezogenen, sprechenden Architektur, eben BauKunst, umgeschaffen.

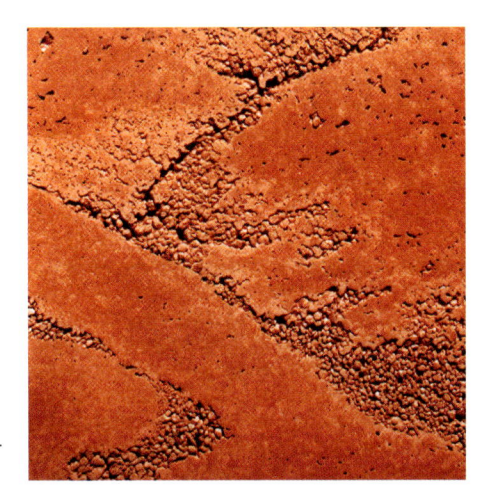

Foto:
Holger Gravius

Die Platzierung vor dem Grillo-Theater ist temporär; aber wo immer die Vor-Stellung hinkommt; sie wird die passende Inszenierung finden.

Foto:
Sven Lorenz

Text:
Dr. Ingrid Helena Helmke

Frank Ahlbrecht
stattwald

geboren 1959 in Wuppertal

Studium: Universität GH Essen, Universität Dortmund, Kunstakademie Düsseldorf

1988   Diplom, Hochschulpreis, Gründung Architekturbüro

Wettbewerbe, Auszug

1991   Polizeipräsidium Essen, mit M. Laudert, 2. Preis

1994   Marktplatz Gelsenkirchen, mit Dr. Dünnwald, 1. Preis

1995   Marktkirche Essen, mit Prof. Heerich, Prof. Polònyi, Prof. Pater Mennekes

1998   Deutscher Baupreis für junge Architekten, 2. Preis

2001   Platzgestaltung Gelsenkirchen, mit D. Bielfeld, Stiftung "Lebendige Stadt", Auszeichnung

lebt und arbeitet in Essen

Astrid Bartels
Stadtwunde

Malerin und Objektkünstlerin

geboren in Berlin, lebt und arbeitet in Essen.

Grafik-Design-Studium, Folkwangschule Essen,
Grafik, Kunstakademie Karlsruhe,
Malerei bei Prof. László Lakner, Universität Essen.
Einzel- und Gruppenausstellungen in Galerien, Kunstvereinen und Museen, interdisziplinäre Kooperationen.

Das Werk von Astrid Bartels umfasst Malerei, Objekte und Installationen. Diese unterschiedlichen Ausdrucksformen stehen nicht isoliert, sondern durchdringen sich gegenseitig: Materialität und Oberflächenbeschaffenheit erhalten in den Wandbildern gleiche Wertigkeit wie konstruktive Struktur und malerischer Duktus. Komplexe, umdeutige kompositionelle Ordnungsgefüge bestimmen auch Objekte und Installationen. Alle Arbeiten reflektieren dabei den sie umgebenden Raum.

Diese Interaktion zwischen Architektur und Bild oder Objekt, zwischen vorgefundener Situation und autonomer künstlerischer Setzung ist in den neueren Arbeiten von Astrid Bartels immer wichtiger geworden. Der Prozess der Auseinandersetzung mit dem Raum korrespondiert mit der Prozessualität des Schaffens. In ihrer Malerei trägt Astrid Bartels neuerdings neben klassischen Farben und Materialien auch Eisenstaub auf Leinwand auf und läßt ihn zu Rost oxidieren: Umwandlungsprozesse, die nur teilweise planbar sind. Die Künstlerin erreicht damit eine besondere Qualität der Oberflächenbeschaffenheit. Einerseits wird das aufrostende Metall zum malerischen Element, andererseits erhält das Bild eine körper- und objekthafte, haptische Präsenz.

Bereits seit langem spielt Astrid Bartels mit Kontrasten: Bisher konfrontierte sie ihre klaren Kompositionen mit einem informellen, zeichenhaften Duktus. In ihren aktuellen Werken arbeitet sie mit Rastern, Gittern und konstruktiven Elementen, aber auch mit deren Auflösung oder Störung – ein spannungsreicher Dialog. „Die bewusste Ambivalenz, die alle Arbeiten von Astrid Bartels auszeichnet und die den Betrachter aus der vermeintlichen Ordnung von Strukturen heraus immer mit der Freiheit und Unplanbarkeit der Gestaltung konfrontiert, ist Wesenszug aller Arbeiten der Künstlerin", schreibt Gabriele Uelsberg, Leiterin des Städtischen Museums in Mülheim a.d. Ruhr, im Katalog „Astrid Bartels. Gesetzte Freiheit".

Dr. Dorothee Lehmann-Kopp

Architekt, Essen

Patrik Bayer
Baustelle

Anne Berlit
stattwald

geboren 1959 in Brackenheim, Baden Württemberg

1992-99 Studium an der Kunstakademie Düsseldorf

1998 Meisterschülerin von Prof. David Rabinowitch

1999 Akademiebrief Kunstakademie Düsseldorf

Ausstellungen, Auszug

1999 53. Bergische Kunstausstellung, Museum Baden,
Solingen, Kunstpreis

1999-02 Große Kunstausstellung NRW, Düsseldorf
Ankauf Städtisches Kunstmuseum, Düsseldorf 1999

2000 Emprise Art Award,
Ausstellung NRW Forum Düsseldorf, 1. Preis

2002 Projektstipendium, Institut für Auslandsbeziehungen,
ifa "Assimilation, Schritte zur Kommunikation" Workshop,
Dakar, Senegal

2002 Biennale DAKART, mit Jems R. Koko Bi,
Musee de l'Ifan Dakar, Senegal

lebt und arbeitet in Essen

Dorothee Bielfeld
stattwald

geboren 1973 in Bochum

1992-94 Ausbildung als Steinbildhauerin in Pleidelsheim

1994-97 Architekturstudium an der Technischen Universität Darmstadt

1997-99 Architekturstudium an der University of North London

1999 Diplom mit Auszeichnung, Hochschulpreis,
Master of Arts an der UNL

Projekte, Auszug

2000 "gespräch", Monument, ev. Kirchengemeinde Bochum-Langendreer, 1. Platz

2001 "kreuzplastiken", Kunstpreis der Stadt Bad Wimpfen, 2. Preis

2001 "verlustraum/lichtraum",
Wettbewerb Antifaschismusmahnmal Salzburg,
AG mit F. Ahlbrecht, Endrunde

2001 "luftzeiger", Wettbewerb Stadt & Geflecht, Lichtenfels, Ankauf

2002 "kunsttunnel", Wettbewerb Künstlerbund Bochum, 1. Preis

lebt und arbeitet in Bochum

Peter Brdenk, Dipl. Ing. Architekt BDA
Lichtinstallation „MEERLICHT"

"Laßt uns nicht länger die Werke, sondern vielmehr die Künstler betrachten – das heißt: die Art, in der die Künstler fühlen, erfinden und hervorbringen."

Louis Sullivan, Architekt, 1856 – 1924

Treffender kann ein Zitat doch gar nicht sein als Grundsatz dafür, dass ein wesentlicher Bestandteil der BauKunst-Idee, die Erstellung eines Fundamentes zur Kommunikation der Kreativen, hier insbesondere der Bildenden Künstler und der Architekten ergeben sollte. Die Art, in der Künstler fühlen, erfinden und hervorbringen kann unterschiedlicher gar nicht sein, um möglichst viele neue Ideen in die Kunst und in die Architektur einfließen zu lassen. Eine erkennbare Symbiose aller Kreativen sollte, insbesondere im öffentlichen Raum, das Ziel sein. Ein jegliches Begreifen einer anderen Betrachtungsweise ist eine Erfahrung für die eigene. Eigentlich ist das alles nichts neues, wie vor allem das einleitende Zitat an Hand seiner Zeitprägung zeigt. Manchmal muß man nur den Staub entfernen oder, gerade in den schnellebigen Zeiten, innehalten, um zu begreifen, dass die besten Ideen alle schon vorhanden sind. Wir sollten wieder lernen sie zu nutzen.

1959 in Essen geboren

Studium der Luftfahrttechnik/Flugzeugbau in Aachen
Studium der Architektur an der Universität GHS Essen und der Universität Dortmund

1992   Gründung des Architekturbüro Planwerk in Essen mit Tätigkeiten in den Bereichen Hochbauarchitektur, Messebau, Ausstellungsbau

Seit 1993 Entwurf, Planung und Durchführung von Kunst und Lichtkunstprojekten mit Jürgen LIT Fischer

2001   Preisträger für die Stadt Essen im Wettbewerb "Förderung von künstlerisch orientierten Lichtprojeken im öffentlichen Raum des Ministeriums für Städtebau, NRW,"

Seit 2001 Lichtkoordinator der Stadt Essen

Sophie an der Brügge
StadtStille

Bildende Künstlerin, Essen

1953   geboren in Essen

1979-83 freie Fotografin

seit 1984 Studium an der Universität Essen (Folkwang)

seit 1992 freie bildende Künstlerin

seit 1994 regelmäßige Ausstellungen/Beteiligungen und Projekte

1994   Diplom als Kommunikationsdesignerin
         (Studienschwerpunkt Bildende Kunst)

1994-98 wissenschaftliche Mitarbeitern am
         Lehrgebiet Bildhauerei/Dreidimensionale Gestaltung im
         Fachbereich Gestaltung, Universität Essen

1997   Gründung von oysteR deSign, Atelier für Gestaltung,
         gemeinsam mit Rolf Lieberknecht

2002   oysteR deSign wird Zeppelin design studio

Jürgen LIT Fischer
Lichtinstallation „MEERLICHT"

Jürgen LIT Fischer 1941 in Frankfurt/Main geboren und schon früh dem Thema Licht verschrieben - so lebe und arbeite ich als freischaffender Künstler in Düsseldorf. Ein Künstler kann alles, ohne Rücksicht auf Realitäten. Ein Architekt hingegen ist gebunden an Realitäten, Traditionen, Sachzwänge. Liegt hier die allenthalben festzustellende Saumseligkeit begründet, die in der Baupraxis herrscht, wenn es gilt, Licht als Lebensgrundlage zu erkennen und es bewußt zu gestalten? Licht - in seiner Komplexität, wie es wirkt, wie es sich fortbewegt, welche Spuren es hinterläßt, wie es mich betrifft, kurz: wie es ist und was es ist, das ist mein künstlerisches Interesse. Licht - als Baustein, Licht in seinem Verhältnis zum Raum, zur Fläche, zur Struktur; natürliches und künstliches Licht in seinen Beziehungen zum Körper, zum Baukörper: darin erkenne ich Peter Brdenks architektonisches und künstlerisches Interesse.

Aus den verschiedenen Positionen heraus hat sich seit 1993 die projektbezogene Zusammenarbeit entwickelt. Der Wirkungskreis umfaßt temporäre Kunst-Licht-Installationen, bauwerkbezogene Kunst-Licht-Gestaltung, konzeptionelle Ausarbeitungen, die um das gemeinsame Thema Licht kreisen und konkrete Antworten auf Fragen geben, die es erst noch zu stellen gilt. Und immer reflektieren Kunst und Architektur (gleichsam im doppelten Wortsinne) die Schönheit des Lichts als Schönes der Kunst.

Meine Ausstellungen, Projekte, Auszeichnungen u. a.: Prix Ars Electronica. Linz, 1987; Steirischer Herbst, Graz, 1989; Museum für Elektrizität, Hamburg, 1992; „Gelsenkirchener Prisma", Lichtstele, 1994; 1. Preis im Wettbewerb „Lichtinszenierung - Haldenereignis", IBA Internationale Bauausstellung Emscherpark, 1992; Tetraeder „Nächtliches Lichtereignis Fraktal", Bottrop, 1995; Flora im Licht, Berlin, 1995; Architektur Biennale, Venedig, 1996; „UNENDLICHT", Europ. Künstlerprojekt Burg Lissingen, 1997; „Energietürme", Stadtwerke Coesfeld, mit Peter Brdenk, 1997; 1. Preis im Wettbewerb „Kugelgasbehälter", Stadtwerke Gelsenkirchen, IBA, mit Peter Brdenk, 1998; „Lichtenbergs Celle", Bomann-Museum, Celle, 1998; 1. Preis im Wettbewerb „Lichtpanorama", Hauptfeuer- und Rettungswache, Cottbus, 1999; G.C. Lichtenberg zum 200. Todestag, Kultur Bahnhof Eller, Düsseldorf , 1999; „Bau-Licht", Flottmannhallen, Herne, mit Peter Brdenk, 1999; „Lichtpunkt Herne", mit Peter Brdenk, 2000; „Licht-Puck", Zwickau, mit Peter Brdenk, 2000; 2.Platz im Wettbewerb „Platzgestaltung Willy-Brandt-Platz", Essen, mit Peter Brdenk, 2001.

Miriam Giessler
capsule

1960 geboren in Essen
1988-93 Studium an der Uni Essen, ehem. Folkwangschule Essen bei Prof. Rolf Lieberknecht,
seit 1994 freischaffend

Projekte/Ausstellungen (Auswahl)

90-93 Entwurf eines künstlerischen Konzeptes zur Neugestaltung des Geländes ehem. „Görlitzer Bahnhof", Berlin, Katalog
94 „Intraterrestrial 1", eine leuchtende Bodenskulptur (earthwork), Installation, Mützingen/Wendland
94 „Abraum", Installationen auf dem Gelände der Zeche Zollverein in Essen, Katalog
94/95 Teilnahme am intern. Wettbewerb „Gedenkstätte für die ermordeten Juden„ , Berlin, Potsdamer Platz, Ausstellung
95 Teilnahme am Wettbewerb „Das letzte Haus/Last house„ Steirischer Herbst, Graz, Ausstellung u. Katalog
96 „En Dependance„ , Rauminszenierung auf dem Dachboden des Kunsthauses Essen, Eröffnungsperformance mit Andre Jolles (Butoh-Tanz), u. Heinz Lunke (Sound), Videoaufzeichnung
97 „Bildgehege„ eine multimediale Installation (mit H. Sandmann), Tuchfühlung 1, Langenberg, Katalog
97 „my points of view", eine mediale Rauminszenierung (mit H. Sandmann) im Rahmen der 3. Biennale film + Arc, Graz
98 „wallpieces 1" Ausstellung in Objektform, Essen
99 „stadtmobiliar 1" Rauminszenierung auf einer Kalisalzhalde bei Hannover im Rahmen der Ausstellung Claims (2) (mit H. Sandmann), Katalog
99 Kunstwettbewerb „Historisches Ereignis des 9. Novembers 1989" Bundesministerium der Justiz, Berlin (mit H. Sandmann)
00 „stadtmobiliar 2" Installation im öffentlichem Raum der Stadt Langenhagen, Hannover, im Rahmen der Ausstellung 99 Standpunkte (mit H. Sandmann), Katalog
00 „wallpieces 2", Museum Folkwang Essen (Essen kauft Kunst)
01 „momentmal" Ausstellungsprojekt in der Marktkirche Essen
01 „stadtmobiliar 3" Installation auf der Zeche Zollverein Schacht XII, Essen (mit H. Sandmann)
02 „schwein gehabt" Ausstellungsprojekt der Sparkasse Mh. a.d. Ruhr zum 160-jährigen Bestehen
02 „wallpieces 3", Städtische Galerie Schloß Borbeck
02 Teilnahme am Architektur-, Kunstwettbewerb
I Platz I Kunst I Platz I, Paderborn (mit D. Rogasch und H. Sandmann)

Holger Gravius, Dipl.-Ing. Architekt
Die Vor-Stellung - Ein abwesender Kimono

Dass Architektur und Kunst untrennbar miteinander verbunden sind, war für Holger Gravius bereits während seines Studiums klar. Bewusst entschied er sich dafür, nach dem Diplom in Aachen zwei zusätzliche Jahre an der Architectural Association in London zu studieren, einer Universität, die vor allem Wert darauf legt, kritisch zu hinterfragen und das Auge hinsichtlich Ästhetik und Form zu schulen. Als der Bund Deutscher Architekten ihn aufforderte, an dem Projekt BauKunst zusammen mit dem Textilkünstler Gianni Sarto teilzunehmen, loderte sofort Begeisterung auf. Holger Gravius erkannte eine interessante Herausforderung und die Chance, sich auf eine völlig neue Art als Architekt für seine Heimatstadt zu engagieren.

Architektur muss also künstlerisch sein. Wie aber gelingt es, ein künstlerisches Objekt in architektonische Formen zu gießen? Auf welche Weise kann ein Projekt, im Spannungsfeld Künstler-Architekt realisiert werden? Wo liegen die Berührungspunkte zwischen raumbildender und kleidender Kunst? Diese und ähnliche Fragen reizten das Interesse des Architekten am Unerforschten. Die Antworten fand er in den Gestaltungsgrundsätzen, die für ihn gute Architektur ausmachen: Einfachheit und Schlichtheit, die Ruhe und Entspannung implizieren; Symmetrie gepaart mit Störung durch überraschende Momente; lebendige Oberflächen; Raumtiefe oder Transparenz; Reihung und Wiederholung; die Kraft der Monochromie, Licht und Schatten sowie der Wandel von Umfeld und Material im Lauf der Zeit – Ästhetik. Bei genauer Betrachtung der Vor-Stellung, findet man diese Überlegungen konsequent umgesetzt.

Die Intention von Architektur und Kunst ist nicht, den Betrachter in passives Staunen zu versetzen. Ein künstlerisches Element im öffentlichen Raum muss für Gravius vor allem eines sein: lebendig. Entscheidend ist, dass sich eine Skulptur bedingungslos an jedermann ausliefert. Das Werk Vor-Stellung darf und soll von jedem Bürger unterschiedlich betrachtet und genutzt werden. Denn die Skulptur darf nicht auf Distanz gehen, sich nicht auf einem Sockel präsentieren oder hinter Zäunen schweben. Zugleich ist beabsichtigt, dass das BauKunstwerk dazu beiträgt, das Interesse der Allgemeinheit an Architektur und Kunst zu beleben. Es soll zu kontroversen Diskussionen anregen und damit auch zur Auseinandersetzung mit Bau-Kultur. Eine Auseinandersetzung, die Gravius sich zur Lebensaufgabe gemacht hat.

Holger Gravius, geb. 1968 in Essen. Studium an der RWTH, Aachen (Diplom 1996), und der Architectural Association, London (AA Diploma 1998) – Praktikum bei Kan Izue, Osaka, Japan, und Landart Workshop in Tokyo, Japan – Architekt bei Norman Foster, London, und Ingenhoven, Overdiek und Partner, Düsseldorf – Projektleitung im Bereich Schlüsselfertigbau, Ernst Lückhoff GmbH, Duisburg – 2001 Gründung des Büro KenChiku für Architektur+Design, Essen.

Peter Güllenstern
Der Traum vom Bauen

Baukunst in Essen

Einer der herausragendsten Aspekte der Kunst ist, dass man nie ausgelernt hat. Vielleicht arbeiten Sie heute nur in einer Richtung oder eher zufällig, aber mit der Zeit wird sich Ihr Horizont weiten und geistige Ausflüge, die Ihnen heute noch als für Sie unmöglich erscheinen, können bereits in naher Zukunft Wirklichkeit werden. Wenn Sie sich näher mit den verschiedenen Aspekten der Kultur befassen, werden Sie darüber hinaus Ihr Wissen über die Kunst und Ihre Freude an ihr um ein Vielfaches steigern. Eine der schönsten Arten, seinen künstlerischen Horizont zu weiten, erfolgt über die Zusammenarbeit - die Gedanken anderer Fachleute enthalten wahre Informationsreichtümer, die nur darauf warten, geborgen zu werden.

Dirk Hupe
Sprachräume

geb. in essen

Studium und Abschlüsse
1980-86 Studium an der Philsophischen Fakultät Universität Düsseldorf; Germanistik u. Philosophie
1986-90 Studium Kommunikations-Design an der Universität GHS-Essen, Fb4 Folkwang
1990 Abschluß Diplom-Designer bei Prof. Lászlò Lakner und Prof. Hermann Sturm, in freier Malerei und Fotografie
1994 Postakademisches Examen Ateliers Arnhem (Meisterschüler) bei Prof. Willem Sanders und Prof. Paul Donker Duyvis

Stipendien
1993-94 DAAD - Jahresstipendium, Niederlande Hogeschool voor de Kunsten, Arnhem
1998 Märkisches Stipendium für bildende Kunst
1997-99 Atelier und Arbeitstipendium der Sutter-Gruppe „Kunstkäfig"
2000 Stipendium des Landes Schleswig-Holstein Künstlerhaus Eckernförde
2001 Kunstpreis 2001 des vestischen Künstlerbundes Recklinghausen

Ausstellungen (Auswahl)
1999 Forum Mülheim, Mülheim a.d.Ruhr (E)
1999 Museum Lüdenscheid, Lüdenscheid (P)
2000 Haus Harig, Hannover (E)
2000 L.A.C. Salon de Printemps, Kunstmesse Luxembourg (G/K)
2001 European Media Art Festival Osanabrueck (G/K)
2001 Preis des vestischen Künstlerbundes, Kutscherhaus Recklinghausen (G/K)
2001 Videofilme von Kuenstlern, Kunsthalle Recklinghausen (G/B)
2001 Villa Brandenburg - Sammlung Schmitz AG, Kempen (E/I)
2002 Verein für aktuelle Kunst, Oberhausen (E)
2002 European Media Art Festival Osnabrueck (G/K/I)
2002 Museen der Stadt Lüdenscheid, Lüdenscheid (G/K/P/B/I)
2002 LichtRouten, Lüdenscheid/Altena/Iserlohn (G/K/I)
2002 MIC+EMAF, in Zusammenarbeit mit dem Goethe-Institut Auckland, Neuseeland (G/B/I)
2002 Senef Filmfestival 2002, Seoul, Korea (G/I)
2002 Media Art Friesland, Niederlande (G/K)

(Zeichenerklärung: E = Einzelausstellung, G =Gruppenausstellung, K = Katalog, B = Broschüre oder Folder, P = Plakat, F =Folder, I = Internet)

Jost Kleine-Kleffmann
Erinnerungs-Haken
Waldthausen-Portal

8.2.1945	geboren in Porta Westfalica Kreis Minden, Nordrhein-Westfalen, verheiratet, drei Kinder
1965	Abitur am staatlichen Adolfinum, Moers Studium der Architektur: TH Aachen und UNI Dortmund Studienpraktika in England, Türkei u. Saudi-Arabien
1972-80	Mitarbeiter bei Rhein-Ruhr Ingenieurgesellschaft Dortmund und im Arch-Büro Prof. Dr. Enno Schneider, Holzminden
1982	Diplom im Fachbereich Architektur Prof. Deilmann, UNI Dortmund Förderpreis des Deutschen Stahlbauverbandes
1982-84	Architekturplaner im Arch-Büro Prof. Fritz Schupp, Winkhaus+Patschul, Essen
seit 1984	Mitglied der Architektenkammer NRW, selbstständiger Architektenpartner in Essen, Velbert und Remscheid
seit 1992	Mitglied des Bund Deutscher Architekten, Staatlich anerkannter Sachverständiger für Schall- und Wärmeschutz, Sachverständiger für Mängel u. Schäden an Gebäuden, CAD-Dozent in Wuppertal, Bochum und Krefeld, Technischer Geschäftsführer einer Planungs- und Baumanegement-GmbH, Mitglied des Kammerausschusses „Recht SAchverständige Dienstleistungen"

Bauten:
Wohnen, Gewerbe, Versammlungsstätten, Industrieanlagen, Soziales, Verkehr, Freizeit, Tiefbau, Freianlagen, Ingenieurbauwerke, Sonderbauten

Referenzen:
Objektplanung, Wettbewerbe, Projektsteuerung, Sachverständigengutachten, Gebäudeschäden, Schall- und Wärmeschutz, Verkehrswertermittlung, Bauleitung, Dokumentation, Kunst + Bau

Frank Köhler
Sitzen ohne Bezahlung

Das Planungsbüro Köhler hat in mehr als 25 Jahren erfolgreicher Zusammenarbeit mit Partnern aus den Bereichen Statik, Brandschutz, Schall- und Wärmeschutz, Ver- und Entsorgung, Umwelt-, Stadt- und Landschaftsplanung, Marktforschung und Kommunikation Qualifikationen erworben, die umfassende Lösungen aus einer Hand bieten. Auch bei mehrstufigen, komplexen Aufgaben.

Diese Kombination sich ergänzender Berufe und gemeinsamer Erfahrungen des Teams ist die Garantie für gestalterisch hochwertiges, zielorientiertes und ergebnisgesichertes Bauen.

Neben den klassischen Planungs- und Architekturfragen arbeitet das Büro auch in folgenden Schwerpunkten:

- Beratung und Gutachten für neue sowie umzustrukturierende Objekte

- Projektentwicklung und -steuerung, u.a. mit Netzplantechniken

- Innenraumgestaltung und -ausbau

- Machbarkeitsstudien, Standort- und Marktanalysen, Bewertungen

- Grundstücks-, Wohnungs- und Bauwirtschaftskonzepte

Christian Kohl, Dipl.-Architekt ETH / BDA
Burgplatz-Intervention

1962	Geboren in Duisburg
1982-88	Studium der Architektur Eidgenössische Technische Hochschule, Zürich Schweiz
1985-87	Mitarbeit im Büro Peter Eisenman, New York USA
seit 1991	Selbständigkeit in Essen
seit 1995	Partner in Kohl & Kohl Architekten

wichtige Bauten

Musiktheater am Marientor, Duisburg
Musiktheater Colosseum, Essen
KölnTurm, Köln
Galerie 20.21, Essen

Zahlreiche Wettbewerbe im In- und Ausland

Regelmäßige Zusammenarbeit mit Künstlern

Jems Robert Koko Bi
ALPHABET DES LEBENS

Wenn man als afrikanischer Künstler im Okzident lebt, als afrikanischer Mensch in Afrika geboren und aufgewachsen ist, ist es möglich, dass es manche Realität gibt, die nicht kontrollierbar sind. In mir waren zwei Phänomene die sich gegenseitig ausbreiteten, aber auch bekämpft haben. Diese Auseinandersetzung habe ich täglich erlebt. Es ging um die Geschichte und den Raum. Der Raum ist die Umgebung in der ich mich heute befinde und die Geschichte ist zum einen meine Kultur, die Afrikanische und das Leben, das mich täglich betrifft. Wie ein Schatten begleitete sie mich überallhin. Doch die Geschichte gewann immer mehr Platz, aber auch der Raum wollte dominieren. Ich hatte mich fast als Opfer in diesem Kampf gefühlt, aber die Subtilität der Überschneidungen in beidem war für mich ein Mittel, um beide Kräfte zu vereinen. Wenn ich mich bemühte, die Geschichte zu bekämpfen hätte ich sicherlich meine Spur verloren. Andererseits wenn ich gegen den Raum kämpfte, hätte ich riskiert, das innere Gleichgewicht zu verlieren. Deshalb musste ich beides akzeptieren, beides erkennen als tatsächlichen Teil eines Schrittes in meinem Leben. Glücklicherweise wurden neue Impulse durch diese Vereinigung entstanden.

Der sehr strukturierte Raum in dem ich mich täglich bewege, fasziniert mich so, dass er Dominanz bekommt. Die Geschichte, die meine Persönlichkeit darstellt nährt mich um zu regieren. Deshalb habe ich versucht bei dem Material welches ich für meine Arbeiten benutze, eng am Ursprung zu bleiben. Holz ist faszinierend, lebendig, warm und anwesend. Es ermöglicht das Spiel der Formen, die Konfrontation zwischen Volumen und Leerraum, das Positiv und das Negativ. Dieses Spiel ist für den klar strukturierten Raum Ausdruck gebend. Während der Arbeit beginnt ein neues Erlebnis mit ihm. Ich bemühe mich jede Minute zu jeder Zeit, um seine originelle Form und meine Idee zusammen auf einen gemeinsamen Punkt zu bringen.. Hier die Gebäude, die Strassen, die Menschen formen ein Ensemble, welches von einer klar durchgezogenen Linie repräsentiert wird.

Es erscheint mir auch eng mit meiner Geschichte verbunden zu sein; alles was mich täglich begleitet, in meiner Heimat, in meinem Kontinent oder draußen in der Welt, all das was meine Ideen und meine Persönlichkeit beeinflusst. Ich habe nicht vor die Welt zu erneuern. Was ich aber machen kann, ist mich selbst täglich zu erneuern, um der Welt zu zeigen, was sie für mich ist. Vieles was mich berührt löst innere Probleme aus. Was ich mir bei der Arbeit vornehme ist in erster Linie, diese Probleme zu lösen und mein Sein zu bewahren, vor dem Ziel dem Publikum zu gefallen.

Die Zusammenarbeit mit einem Architekten, woraus „DAS ALPHABET DES LEBENS" entstanden ist, war für mich eine Herausforderung. Während zum Beispiel ich bei einer Skulptur mit meiner freien Hand eine durchgezogenen Linie ziehen wollte, war er in der Meinung, dass man ein Lineal benutzen sollte. Aber am Ende zeigt das Ergebnis, dass wir bei jeder Diskussion einen gemeinsamen Standpunkt gefunden haben.

Jahrgang 1940, Architekt

Hans Krabel
Im Osten geht die Sonne auf

geboren 1967 in Marburg,
Künstlerin

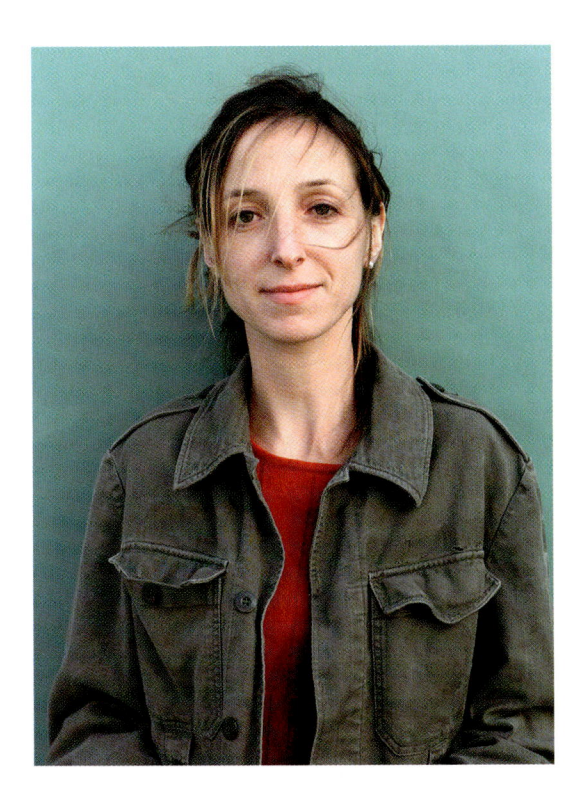

Jule Kühn
Im Osten geht die Sonne auf

Sigrid Lange
shoppen & gleiten

1962	Geboren in Rheinbach
1983-88	Studium Kunst/ Germanistik GHS Essen
1988-93	Studium freie Kunst Kunstakademie Düsseldorf
1992	Meisterschülerin Prof. Jetelová

Einzelausstellungen/ Projekte

1990	Schüttungen, die halle, Bochum
1992	Negativräume, Forum Bildender Künstler, Essen
1991	Kunst am Bau, Arbeitsamt Euskirchen
1994	about voyeurism, Experimental Intermedia, Gent
1995	space available, Städtische Galerie im Museum Folkwang, Essen
1997	Bauliche Veränderung zur Erhebung der Herzen, Johanneskirche, Düsseldorf
2000	Licht- & Luftbad Pulheim, Stadtbild. Intervention, Pulheim
2000-01	Kunst am Bau, Reichsabtei Kornelimünster, Aachen
2001	)Raum(, Galerie Bebensee, Hamburg Neues Museum Weimar
2002	Kunst am Bau, Gleisunterführung, Pulheim

Stipendien/ Preise

1993	DAAD-Reisestipendium. New York
1994	Kunstpreis Nordrhein-Westfalen
1996-96	Kunstfonds Bonn
1996-97	Peter Mertens Stipendium, Bonn
1998	Reisestipendium des Landes NRW, New York

Hannelore Landrock-Schumann
Erinnerungs-Haken
Waldthausen-Portal

1950 geboren in Essen
1974-80 Studium an der Folkwangschule
1982 Stipendium der Aldegrever-Gesellschaft
1985 Erste Raumarbeiten

Seit 1986 Einzelausstellungen und Projekte in Galerien, Kunstvereinen und Museen u.a.: 1986 Galerie Schüppenhauer, Essen / Frauenmuseum, Bonn, 1987/88 Projekt „In Arbeit", ehem. Lindenbrauerei Unna, 1988 „In Arbeit II", Impulse II, Galerie Löhrl, Mönchengladbach, 1988/89 Museum Wesel /Niederrheinischer Kunstverein, 1990 Pfalzgalerie Kaiserslautern, 1991 Kunstverein Recklinghausen, 1992 Projekt „Ortung", Kiscelli-Museum, Budapest (H), 1992 Kramer-Museum, Kempen, 1993 Galerie Michael Schlieper, Hagen, 1995 Museum am Ostwall, Dortmund, 1995 Kunstverein Bad Dürkheim, 1996 Wilhelm-Hack-Museum, Ludwigshafen, 1996 Galerie Hoffmann, Friedberg, 1997 Heidelberger Kunstverein, 1998 Galerie an der Finkenstraße, München, 2001 Städtische Galerie im Brückenturm, Mainz

Seit 1982 Ausstellungs- und Wettbewerbsbeteiligungen u.a.: 1982 - 84 Große Kunstausstellung NRW, Düsseldorf, 1983 Kunstpreis „junger westen", Kunsthalle Recklinghausen, 1984 Galerie Zachete, Warschau / Staatsmuseum Lodz, 1985 Sickinger Kunstpreis", Pfalzgalerie Kaiserslautern, 1985 Galerie an der Finkenstraße, München, 1988 „Artefact", Aarau (CH), 1993 „10 Jahre Impulse", Galerie Löhrl, Mönchengladbach, 1993 Gabriele Münter-Preis, Frauenmuseum Bonn, 1996„Neo Structuralists", Boritzer Gray Gallery, Santa Monica, USA, 1997 „Transparenz", Galerie Hoffmann, Friedberg, 1997„Kunstwettbewerb Dorotheenblöcke", Deutscher Bundestag, Berlin, 1997 „Kunstwettbewerb Kreispolizeibehörde Siegen", 1997 Kunstwettbewerb „Gasometer Gelsenkirchen",Emscherpark (zweiter Preis), 1999 „paintings now ! " part II, Galerie Schüppenhauer, Köln, 2000 „Herzstück", Dom zu Erfurt, Projekt `KlangSchatten`, Installationen aktueller Kunst in Erfurter Kirchen, 2001 Kunst am Bau-Wettbewerb, Polizeipräsidium Essen, (1. Preis)

Seit 1993 ausgeführte Raumkonzepte u.a. in der Firma mfi, Essen, Firma Hecker, Dortmund, Dresdner Bank, Leipzig, Verwaltungszentrum der Allianz, Berlin, Dresdner Bank, Hagen, Dresdner Bank, Kurfürsteneck, Berlin, Verwaltungsgebäude der Elektromark, Hagen, Polizeipräsidium Essen

Seit 1996 Arbeiten im Außenbereich u.a. „Luftschlösser", 3 Skulpturen für das Westfählische Freilichtmuseum Hagen

Rolf Lieberknecht
StadtStille

Bildender Künstler, Berlin/Essen

1947	geboren in Mettmann, NRW
1967-79	Studium (Architektur, Environmental Media) an der Technischen Universität Berlin und am Royal College of Art, London
1978-79	Luftbrückenstipendium, British Council, London
1978-81	Atelierstipendium „Am Käuzchensteig", Senat Berlin
1982	Fellow der Hand Hollow Foundation, East Chatham, N.Y., USA
1982/84	Reisestipendium des Deutschen Akademischen Austauschdienstes für die USA
1984	Fellow der Djerassi Foundation, Woodside, Cal., USA
1986	Einladung als Fellow und Gast des „Center for Advanced Visual Studies", Massachusetts Institute of Technology, Cambridge, Mass., USA
seit 1979	Entwürfe zum Thema „Kunst im Stadtraum", diverse Preise und Ausführungen
1979-86	Koordinator für „Kunst am Bau" an der Technischen Universität Berlin
1982-87	Künstlerischer Mitarbeiter und Lehrbeauftragter an der Hochschule der Künste, Berlin
seit 1971	regelmäßige Ausstellungen/Beteiligungen und Projekte
seit 1989	Professor für Bildhauerei/Dreidimensionale Gestaltung an der Universität Essen
1997	Gründung von oysteR deSign, Atelier für Gestaltung, gemeinsam mit Sophie an der Brügge
2002	oysteR deSign wird Zeppelin design studio

Friedrich Mebes
Bazar

Geboren und aufgewachsen in Berlin,
Studium an der Technischen Universität dort,

seit 1952 selbständiger Architekt in Essen,
Wohnungsbau, Krankenhäuser, Bauten für die Gemeinschaft, für Betagte und Behinderte,

Preisrichter in Wettbewerben,

Langjährige ehrenamtliche Tätigkeit im Bund Deutscher Architekten BDA und der Architektenkammer NRW, sowie in Arbeitskreisen und Beiräten der Stadt Essen,

Publikationen in Fachzeitschriften.

Ziel der Arbeit ist nicht Architektur – welchen Stiles auch immer – oder gar nur eine Baumaßnahme (wie die Zeitungen gerne schreiben), sondern die zu schaffende Situation, der Raum, innen und außen. Aus den Anforderungen der Nutzung und der örtlichen Situation wird die Gestalt entwickelt, Konstruktion und Material folgen daraus. Dies kann nur im intensivem Zusammenwirken von Bauherr und Architekt gelingen. So wird bis in die Einzelheiten von der speziellen Situation her entschieden, für jede Aufgabe eine entsprechende, individuelle Lösung gefunden.

Lars Meeß-Olsohn, Dipl.- Ing. Architektur
Über den Dächern

1971	geboren in Andernach, Rheinland-Pfalz
1990	Abitur in Neuwied
1991-98	Architekturstudium an der RWTH Aachen, ETSA Sevilla und Universitat de Barcelona
seit 1998	Wissenschaftlicher Assistent an der Universität Essen, Bauwesen, KG/Leichtbau Promotionsthema: Strukturelle Gleichgewichte im Leicht- und Membranbau
2001	„Textegrity I", Beitrag für das LeichtBauKunst-Symposium der Universität Essen, nachfolgend dauerhafte Installation auf dem Campus
2002	„Textegrity-Dome", ein Beitrag für das Symposium Transparenz und Leichtigkeit der Universität Essen im Schloß Horst, Gelsenkirchen

structure and sculpture

Kennzeichnend für meine Arbeit ist der strukturell geprägte Ansatz, Kräfte im Raum sichtbar und erlebbar zu machen. Die Beschäftigung mit leichten, vorgespannten Tragsystemen führte z.B. zur Entwicklung der Struktur „Textegrity": der Verbindung eines streng linear orientierten Tragsystems mit gekrümmten, flächigen Elementen. Die Faszination dieser leichten Konstruktionen wird durch die schwebenden Stabelemente hervorgerufen, die sich nicht gegenseitig berühren, sondern nur über lineare und gekrümmte Zugelemente miteinander verspannt sind. Das skulptural-objekthafte Erscheinungsbild im Spiel mit dreidimensionalen Kräftegleichgewichten ist systemimmanent und keinesfalls rein formaler Natur. Das Reduzieren auf das Notwendige ist vordergründig, das Herausarbeiten der konstruktionsbedingten Gesetzmäßigkeiten führt zur dynamisch-eleganten Tragwirkung. Bereits während der Entwurfsphase nehmen die Bereiche der Kunst, der Architektur und des Bauingenieurwesens Einfluß auf die Konstruktion, die für die Aufgabenstellung gewählt wird. Diese Spanne vom Entwurf bis zur abschließenden Systementwicklung und –optimierung erlebe ich als persönliche Bereicherung und gibt meine Vorstellung von klassischer Baukunst wieder.

Architekt, Essen

Wolfgang Müller-Zantop
Baustelle

Jens J. Meyer
Über den Dächern

1958	geboren in Hamburg
1980-88	Wirtschafts-Ingenieurstudium an der TH Darmstadt
1985	Gaststudium Industriedesign, FH Darmstatt
1986-88	Studium Malerei und Bildhauerei Akademische Werkstätten Maximiliansau bei K.P. Müller
1989-	freischaffender Künstler, lebt in Essen und Hamburg

Preise und Stipendien

1988	Kunstpreis der Stadt Mühltal
1991	Stipendium „Künstlerwohnung Schloß Borbeck" der Stadt Essen
1992	Carl-Stipendium, Maschinenhalle Zeche Carl, Essen
1994	Förderpreis Bildende Kunst der Stadt Gelsenkirchen
1999	Stipendium artcore e.V. Mönchengladbach
2001	1. Preis, Wettbewerb Landmarke auf der Halde Sachsen in Hamm

Kunst im öffentlichen Raum

1994	„Flugbahn" zum „Mechtenbergfächer", mit P. Lörincz, Internationale Bauausstellung IBA Emscher Park, Essen/Gelsenkirchen „Fontäne", Kunstverein im Städtischen Museum Gelsenkirchen
1996	„Ankerquadrat", Landesgartenschau NRW, Lünen „Tragflügel", Ministerium für Bundes- und Europaangelegenheiten des Landes NRW, Bonn
1997	„Brückenschlag", zum Projekt „Tuchfühlung", Kunsthaus Langenberg, Velbert-Lgbg.
1998	„Radschlag – Zeitspur", Skulp – tour, Polch/Eifel
2000	„Trifloß", Land-Art Projekt, kulturtage Südliche Weinstraße Silzer See, Silz

Projekte und Ausstellungsbeteiligungen

1997	„touch down – take off", Weltgaskongress, Int. Messen in Kopenhagen, Berlin, Moskau, Stavanger (Ruhrgas AG und Waskönig GmbH, Essen)
1998	„upside down", zur Ausstellung „Begegnungen 3:3 in Yogya", Taman Purna Budaya, Yogyakarta, Indonesien
1999	„Windnadel", zur Ausstellung „Kunst setzt Zeichen", Landmarken-Kunst, Ludwig-Galerie, Schloß Oberhausen, Finale der Internationalen Bauausstellung Emscher Park
2000	„Lichtkeil", Rauminstallation für die ständige Sammlung, Städtisches Museum Gelsenkirchen

Renate Neuser
PLAN-SKULPTUR

geboren 1939 in Kiel

Studium: Muthesius Werkkunstschule, Kiel
Hochschule für Bildende Künste, Stuttgart

Aufenthalt in Boston/ USA (1970/71)

Lehrauftrag Universität Essen Gesamthochschule (1977-81)

Stipendien/Preise:

DAAD - Stipendium, Paris (1966/67)
Arbeitsstipendium durch den Kunstfond (1983/84)
Arbeitsstipendium des Landes Schleswig-Holstein im Künstlerhaus Cismar (1996)
Stipendium für das Künstlerhaus Ahrenshoop durch den Kulturfond, Berlin (2000)
Stipendium für das Künstlerhaus Schloß Wiepersdorf der Stiftung Kulturfonds (2002)
Kunstpreis Rhein Ruhr Zentrum, Essen-Mühlheim (2. Preis1995)

Mitglied im Deutschen Künstlerbund

Einzelausstellungen (Auswahl):

1977	Studio Städt Galerie Schloß Oberhausen
1978	Kunstverein Gelsenkirchen
1984	Galerie Cuenca Ulm
1993	Galerie im Kunsthaus Essen
1995	Projekt Galerie Lygnaß Herne
1997	Kunstverein Hattingen
1998	Städt Galerie Lüdenscheid
	Galerie der Stadt Remscheid (mit Danuta Karsten)
2001	Kunstverein Unna

Heinrich Oppelt
shoppen & gleiten

1962	Geboren in Essen
1981-90	Studium Architektur Düsseldorf
1991	Diplom
1991-95	Freie Mitarbeit in Architekturbüros
1995	Gründung ‚bauatelier' in Köln

Projekte (Auswahl)

1995	Balkonia, Privatauftrag, Köln
1996-97	Haus Weis, Privatauftrag, Mönchengladbach
1997-00	Stadthaus Franzstraße, Investorenauftrag, Bonn
2001	WashShop, Investorenauftrag, Bonn

Frank Overhoff
Erinnerungs-Haken
Waldthausen-Portal

1951	geboren in Düsseldorf
1970–76	Studium der Evangelischen Theologie in Wuppertal, Göttingen und Zürich
1983	Schulpfarrer in Velbert
1989	Schulpfarrer in Langenberg
1997	erste lyrische Arbeiten

Einzelveröffentlichungen ab 1999 in Zeitungen, Radio, Literaturzeitschriften und Anthologien

Lesungen

Projekte
2000	Gründung der Lesereihe „Echolotungen"
	Herausgeber der Anthologiereihe „Langenberger Texte" (Oberhausen: Athena)
2000	Bd 1: Lyrik und Prosa (Mitherausgeberin Dorothea Buck)
2001	Bd 2: grenzüberschreibend
2002	Bd 3: Günther Weisenborn zum 100. Geburtstag

Lyriksammlungen
1999	Ein Platz in L., Hg.v. Kreis Mettmann (Bergische Taschenliteratur 62), Mettmann
2000	blattnervennetzlupen. gedichte, Oberhausen: Athena
2001	stadtfühlung. gedichte, Oberhausen: Athena.

Moni van Rheinberg
Sitzen ohne Bezahlung

geboren in Salzgitter,
aufgewachsen in Köln, später Wesel, seit 1973 in Essen lebend

Ausbildung zur Bauzeichnerin
1973-1978 Studium der Malerei an der Folkwangschule Essen
mehrere Aufenthalte in Marokko und den USA
Ausstellungen im Ruhrgebiet, Berlin, München, Engen, Köln, Gütersloh, Malente, Lübeck, Bonn, Münster, Düsseldorf
Verschiedene nationale und internationale KünstlerInnenprojekte

1.+2.+3. Preis mit G. Selle, C. Terlunen
Gestaltung einer 270m langen Zechenmauer in Essen
Anerkennungspreis für Kinderkultur, Kroschkestiftung Hamburg
Preisträgerin „Kunst und Spiel", Essen

Kunst ist für jeden etwas anderes; Für den einen ist es das Neue, für jemand anderen schlicht was gefällt. Meine Kunst will aufmerksam machen, den Betrachter zum Lachen und zum nachdenken bringen. Aber eines will sie nicht: sich festlegen lassen. Schließlich wüßte ich selber nicht worauf. Ich arbeite mit den verschiedensten Techniken, erarbeite Figürliches und Abstraktes, Bilder und Objekte, Poetisches und Skurriles für den öffentlichen Raum und die eigenen Wände. Malen heißt für mich auch experimentieren. Für meine Bilder benutze ich Materialien aus der Natur und dem Alltag der Leute wie Sand, Kohlenstaub, Kaffeesatz oder Muscheln - etwas aus dem Leben, das ich einzufangen versuche. Meine Themen finde ich überall und manchmal finden sie mich. Bei der Umsetzung schöpfe ich alle Möglichkeiten aus: Malerei, Grafik, Illustration, Wandgestaltung, Wandmalerei, Platzgestaltung, Installation, Architektur, Spielplätze.
Meine Bilder und Objekte sollen ihren Betrachter ergreifen, und wo es nötig ist, übt meine Kunst Kritik an Dingen, die mir nicht gefallen ...

Georg Ruhnau
Der Traum vom Bauen

Tätig als angestellter Architekt in Pittsburgh (USA), Berlin und Essen, seit 1998 als selbständiger Architekt in Essen

Bauträume

Die belebende Rolle, die der Berliner Platz einst für die Essener Innenstadt spielte, ist nicht mehr erkennbar. Das Segerothwohnviertel wurde im Krieg zerstört, die Kruppschen Fabriken geschlossen, die Station der Rheinischen Bahn stillgelegt und der Großmarkt umgesiedelt.

Im unmittelbaren Umfeld der dadurch entstandenen Freifläche gelang die Ansiedlung neuer Nutzungen (IKEA, Arbeitsamt, Multiplex) sowie die Umnutzung alter Industriebauten zu kulturellen Zwecken. Die Innenstadt, u.a. mit KARSTADT Waren-, Sport- und Parkhaus, grenzt heute ebenso an wie die Friedrich-Ebert-Straße mit ihren multikulturellen Einkaufsmöglichkeiten. Eine Verbindung zwischen der auf der nördlichen Seite der Bahngleise errichteten Universität und der City - über den neu zu bebauenden Berliner Platz - ist oberstes Planungsziel.

Ich wünsche mir ein Viertel, dass dem Potential des Umfeldes Rechnung trägt, das Universitätsviertel als „Neue Altstadt". Dieses Quartier soll Ort zum Wohnen, der Begegnung und Erholung sein. Vielfältige und kleinteilige Nutzungen wie innerstädtisches Wohnen, Seminarräume, Kleinkunstcafés und Gastronomie, Galerien und Grünflächen sollen strukturelle Vielfalt und dadurch ein hohes Maß an Lebensqualität, besonders für junge Menschen, implementieren. Kleine Straßen führen durch dieses ruhige Viertel mit abwechslungsreicher Architektur.

Bereits entdeckt wurde dieses Areal von der spanischen Investorengruppe „Pepe y Jorge en Comida Industrias". Das Bauschild der Investoren weckt private und kommunale Bauträume - und die von Architekten und Künstlern.

Werner Ruhnau
Stadtwunde

Architekt und Stadtplaner,
geboren 1922 in Königsberg, lebt und arbeitet in Essen-Kettwig

Bau u.a. von Theatern, Verwaltungsgebäuden und Privathäusern. Stadtplanung, Kooperation mit bildenden und darstellenden Künstlern. Forschung in den Bereichen Klima, Spiel und Theater. Professor / Gastprofessor u.a. in Essen, Frankfurt, Köln, Montreal, Quebec.

Werner Ruhnau prägte eine BauKunst, die auf Integration von Künsten und Architektur zielt. BauKunst bedeutet ein Zusammenspiel unterschiedlicher gestaltender Kräfte, unterschiedlicher Aspekte des Umgangs mit Raum. Im Unterschied zu einer „Kunst am Bau" - als oft nur nachträglicher „Dekoration" von Architektur mit Kunst - fordert Ruhnau in der Tradition der Bauhütten bereits für die Planungsphase die Kooperation mit bildenden Künstlern; gleichberechtigt wie die technischen Sonderfachleute. Zu seinen Teams gehörten u.a. Rupprecht Geiger, Norbert Kricke, Adolf Luther, Jean Tinguely, Wolf Vostell. Legendär ist seine Zusammenarbeit mit Yves Klein beim Bau der Gelsenkirchener Theater (1957-59). Das damals revolutionäre Konzept der raumgreifenden ultramarinblauen Wandreliefs, die „Klimatisierung des Raumes" durch Farbe entwickelten Künstler und Architekt gemeinsam.

Insgesamt realisierte Ruhnau 14 Bühnen- und Theaterbauten; u.a. in Frankfurt (1979), in Essen (Umbau des Grillo-Theaters, 1989), in Stendal (1995). Das „Spiel" ist zentrales Anliegen des „homo ludens" Ruhnau: Zum einen plädiert er in Weiterentwicklung der Ideen von Pionieren der Moderne wie Adolphe Appia und Erwin Piscator für variable Spielräume. Zum anderen begreift er im Sinne Max Reinhardts die Theater, Konzerthäuser und Bühnen als ‚Altäre' für heilige, sinngebende Spiele.

Projekte wie die Olympische Spielstraße in München 1972 verweisen darüber hinaus auf Ruhnaus städtebauliche Position: Die Idee einer Agora, auf der die Bürger diskutieren, kommunizieren, spielen, gestalten und leben. Ein verflochtenes Miteinander von Kunst und Alltag, von allen, sonst oft ghettoisierten Bereichen menschlichen Lebens, realisierte Ruhnau auch bei der Werkbundsiedlung Oberhausen (1986), beim Bau von Privathäusern und Verwaltungsgebäuden wie der Herta KG in Herten (1972) und der Flachglas AG in Gelsenkirchen (1985).

Dr. Dorothee Lehmann-Kopp

Hubert Sandmann
capsule

1960 geboren in Gelsenkirchen Buer
1981-88 Studium der Architektur an der Uni GHS Essen und an der Staatl. Kunstakademie Düsseldorf
1988-92 als Architekt angestellt und selbständig tätig
1990,95 Intern. Sommerakademie für Bildende Kunst Salzburg Malerei, Prof. Arkosz Birkas; Video, Prof. Nan Hoover
1991,01 Intern. Sommerakademie für Bildende Kunst Hamburg Skulptur, Prof. Jan Koblasa; Webdesign, Jan T. Krahn
1993-99 Universitätsassistent an der TU Graz, Lehrstuhl Prof. Günther Domenig
1995-97 Lehrauftrag für Grundlagen der Gestaltung, TU Graz
seit 1997 Lehrauftrag für Architektur und Film TU Graz, Uni Wuppertal
seit 2001 Mitglied, Atelier im Kunsthaus Essen

Projekte/Ausstellungen (Auswahl)

96 „Nur die Ruhr", eine Experimentelle Filmdoku. über das sonntägliche Freizeitverhalten an der Ruhr, Video u. Filmfestival Blicke aus dem Ruhrgebiet, Bochum;
97 „Bildgehege", eine multimediale Installation im Rahmen des Projektes Tuchfühlung, Langenberg, (mit M. Giessler), Katalog, Video;
97 „my points of view", eine mediale Rauminszenierung im Rahmen der 3. Biennale film + Arc, Graz (mit M. Giessler), Video;
98 „tamil nadu", eine experimentelle Super 8 Filmdokumentation einer Reise nach Südindien;
99 „stadtmobiliar 1" Rauminszenierung auf einer Kalisalzhalde bei Hannover im Rahmen der Ausstellung Claims (2) (mit M. Giessler) Katalog;
99 Teilnahme am Internetwettbewerb „Architekt im Web" (mit Florian Buzin, Volker Daum und Peter Irmai);
00 Kunstwettbewerb „Historisches Ereignis des 9. Novembers 1989" für das Bundesministerium der Justiz in Berlin (mit M. Giessler);
00 „stadtmobiliar 2" Installation im öffentlichem Raum der Stadt Langenhagen, Hannover, im Rahmen der Ausstellung „99 Standpunkte" (mit M. Giessler), Katalog;
01 „rauschen", Videoinstallation im Kunsthaus Essen, im Rahmen der Ausstellung „invitatie, invitation, einladung" Katalog CD-ROM;
01 „stadtmobiliar 3" Installation auf der Zeche Zollverein Schacht XII, Essen (mit M. Giessler);
01 „25 Jahre", Videoinstallation im Kunsthaus Essen, im Rahmen der Ausstellung „STILLE // NACHT"
02 Teilnahme am Architektur-, Kunstwettbewerb
I Platz I Kunst I Platz I, Paderborn, (mit D. Rogasch und M. Giessler)

Gianni Sarto
Die Vor-Stellung - Ein abwesender Kimono

Gianni Sarto sah Kimono zum ersten Mal 1978 als traditionelles Gewand in der Vorstellung eines Kabuki-Theaters in München, bei der ein Meister aus Kyoto in allen Details das Ankleiden des Schauspielers zeigte. Sarto war zutiefst angesprochen von der aus klaren, einfachen Grundelementen aufgebauten Form der Theaterkimono: Rechtwinklige, unterschiedlich grosse Flächen, die in Harmonie aufeinander bezogen eine „sich bewegende Skulptur" ergaben. „Ein Gehäuse für den Körper, der weitgehend unsichtbar bleibt", aber doch der „geahnte tragende Kern" ist. (Schaarschmidt-Richter) Während der gemeinsamen SchauSpiel-Projekte mit W. St. Keuter verstärkte sich sein Interesse am Eigenleben und am sinnlichen Erleben der Schönheit und der Kostbarkeit erlesener seidener und baumwollener Stoffe als Umhüllung des spielenden Menschen.

Für die Gestaltung seiner Kunstgewänder übernahm Sarto die japanischen Kimono-Grundformen, jedoch wandelte er sie auf westliche Gegebenheiten um. Gestalt, Material und Spiel der Optik verbinden sich in seinem Werk zur authentisch eigenen Aussage, zu Geist und Kleid in auskomponierter Wirkung. Aus edlem Stoff schafft Sarto Objekte, die gleicherweise sensible Kunst und aussergewöhnliche Kleidung sind: Mit Liebe zum Detail, in leuchtenden Farbkontrasten, durch Paspelierungen konturiert und als Unikate kunstvoll gefertigt. Dem Bedürfnis der Wandlungen folgend umhüllen diese beidseitig tragbaren und in ihrem Ausdruck variablen Kimono die Seele sowohl wie den Körper im Rhythmus ihrer Befindlichkeiten.

Innerhalb der Aktions- und Ereigniskunst unserer Zeit sucht Sarto das Gespräch mit dem Publikum, greift zurück auf den Sinn des traditionellen Gewandes und macht daraus einen Träger öffentlicher Auseinandersetzung: o Der übergrosse Kimono im Projekt Tuchfühlung, 1997, wurde ein Ge-h-wand, von den farbehafteten Schuhen der Betrachter und Passanten bedruckt. o Der weisse Seidenkimono im Projekt Künstler gegen Gewalt, Eröffnung 11.9.2001, nahm wie ein Blatt Papier die darauf geschriebenen Kommentare und Reaktionen der Besucher auf. o Die Vor-Stellung aus rotem Beton ist ein Ort gewollter Interaktion im Stadtraum. Dass Sarto gern die im Objekt liegenden Doppelsinne als Wortspiele nutzt, wird dabei wieder diskret sichtbar.
In 2001 wurde Sarto von dem Kulturdezernenten der Stadt Essen, Dr. Oliver Scheytt, zur Mitarbeit an der Aktion „BauKunst - Essen erlebt Architektur" angeregt.
I.H.H

Gianni Sarto, geb.1958 in München. Einzelhandelskaufmann – Hospitanz: Masken- u. Kostümbildner, Bayerische Staatsoper, München – SchauSpiel-Projekte mit W. St. Keuter, München, Monte Pecorone (I), Kunsthaus Essen – Mitbegründer: Forum SPIEL MIT IM SPIEL e.V., Essen – Mitglied: Loge Schwarzer Diamant e.V., DDO, Essen; Künstler- u. MedienForum Ruhrgebiet – Teilnahme an Projekten: Tuchfühlung, Die Haut, das Gewand, das Haus, 1997, Velbert/Langenberg; Künstler gegen Gewalt, 2001, Landtag NRW, Düsseldorf - Atelier: Mülheim a.d. Ruhr – Ausstellungsraum: Theaterpassage, Essen.

Eckhard Schichtel
Ungestörtes Wachstum

1955	geboren in Essen
1974-76	Praktika in verschiedenen Bauhandwerken
1976-82	Studium an der Universität GH Essen und Universität Stuttgart
1982	Gründung eines Ateliers und Werkstatt für Baudenkmalpflege
seit 1985	Architekturbüro in Essen Industriebauten, Verwaltungen, Wohnhäuser, Umbauten und Restaurierungen

Einrichtungskonzepte, Möbeldesign und Glasentwürfe

Gerda Schlembach
Bazar

1951	geb. in Steinach/Saale
1971-75	Studium Grafik-Design, FH Würzburg
1989-95	Studium Kunstakademie Münster
1994	Stipendium des Landes Schleswig-Holstein,
1995	„Work Art '94/95", Bosch-Förderpreis
1996	„Transfer"-Austauschprojekt NRW/Norditalien
1995-97	„Kunstkäfig", Stipendium der Sutter-Gruppe, Essen
1998	„Kunst und Bau", Kreispolizeibehörde Siegen,
2000	Städt. Galerie im Museum Folkwang , Essen

Lehraufträge an der Universität Essen und FH Düsseldorf

Gerda Schlembach hat im Laufe der Jahre ein feines Gespür für die ihrer Kunst entsprechende Funktionalisierung auch kunstferner Räume entwickelt. Die Konfrontation mit ungewöhnlichen Ausstellungsorten setzte einen neuen kreativen Prozeß in Gang, in dem das gewachsene Werk neuerlich untersucht werden mußte. Dies hatte nicht nur Auswirkung auf die räumliche Dimension, sondern auch auf den experimentellen Umgang mit dem Raum selbst, seiner Bedeutung und Gestaltung. Signifikante Beispiele hierfür sind ihre Installationen u. a. in einem nach allen Seiten offenen, gläsernen Gehäuse ("Projektor", Wewerka-Pavillon, Münster); in einer in dominanter Architektur untergebrachten mittelalterlichen Skulpturensammlung ("Projektion", Suermond-Ludwig-Museums, Aachen): einem aufgelassenen Bad ("Fango", Grünstraße, Düsseldorf); einem durch metallene Gitter vom laufenden Industriebetrieb abgeteilten Atelier auf Zeit ("sala superiore", Sutter-Gruppe Essen); einem Sakralraum mitten im Einkaufsviertel ("Labyrinth", Marktkirche Essen) oder einer Eingangshalle der Kreispolizeibehörde Siegen ("Spurensuche"). In den letztgenannten Arbeiten konzentrierte sich die Künstlerin auf den Boden der Räume, sie gestaltete ihn als Ornament und Leitsystem. Die Besucher konnten sich zwischen Bildbahnen einen Weg suchen und es entstanden dabei, ständig wechselnde Konfigurationen, wie auf einem Spielfeld. Auf Zollverein z. B. korrespondierte ein Feld aus Glasscherben, die amorphe Struktur eines Gehirns assoziierend, mit einer konstruktiv gestalteten abgehängten Glasdecke. Aus Glas, Silikon und Stahl, alles Materialien die wir mit postmoderner Architektur verbinden, baut Gerda Schlembach in letzter Zeit Glaskörper mit elastischen Fugen, die gleichzeitig Licht fangen und reflektieren. Obwohl die einzelnen Objekte und Elemente, die den Raum konstituieren, für einen bestimmten Sinnzusammenhang konzipiert sind, behaupten sie sich auch als autonome Werke, die an anderen Ausstellungsorten ihre eigene Poesie entfalten und den Raum neu definieren.

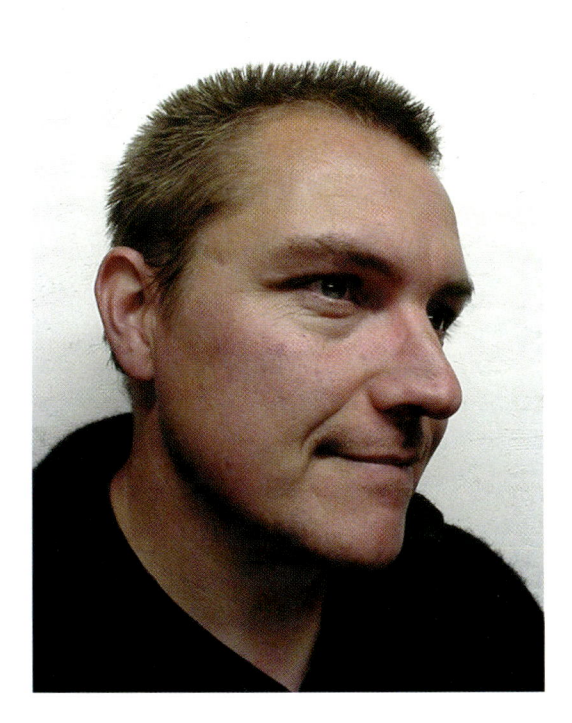

Matz Schulten
Ungestörtes Wachstum

1965	geboren in Münster
1986	Studium an der Universität GH Essen
1990-91	Mitarbeit am Skulpturenprojekt „Knobelsdorffplatz", Berlin bei Achim Pahle bei Yoschi Haschimoto, Hdk Berlin
1991-92	Wiederaufnahme des Studiums bei Prof. Lieberknecht
1992-94	Kunstakademie Düsseldorf Klasse Klaus Rinke

Eckhard Schulze-Fielitz
ALPHABET DES LEBENS

Das Metaeder ist die Kombination der fünf platonischen Körper. Das Metaeder mit seinem Raumraster der kristallinen (intrakubischen) und quasikristallinen (extrakubischen) Packungen ist der Versuch einer endlichen Liste sämtlicher möglichen Figurationen einer elementierten Architektur. Die intrakubischen Polyeder Tetraeder, Oktaeder und der Kubus selber sind packbar, bilden arithmetische Reihen und sind eine Analogie der Kristalle, die extrakubischen Dodekaeder und Ikosaeder sind nicht packbar und von geometrischen Reihen, besonders der harmonischen, bestimmt, die sich in vielen Formen von Organismen wiederfindet.

Das Metaeder enthält:
- die fünf platonischen Körper
- sämtliche dreizehn archimedischen Körper
- die stella octangula und die Sternpolyeder von Kepler
- Keplers zwölf- und dreissigseitiges Rhomboeder
- sämtliche Kristallgitter
- Kreis, Zylinder und Kugel und deren Packungen
- die Flächenteilungen nach Kepler
- den goldenen Schnitt
- das goldene Rechteck als Diagonalfläche im Ikosaeder, das goldene Dreieck und den goldenen Rhombus
- die harmonischen Reihen und damit den Modulor von Le Corbusier
- die Wurzel 2 Spirale u. die harmonische Spirale, spira mirabilis
- die Quasikristalle als nicht periodische Packung des dreissigseitigen Rhomboeders
- als ihre zweidimensionale Projektion die nicht periodischen Penrosemuster
- die geodesics von Fuller
- die Fullerene und das Buckminsterfulleren
- Fullers Dymaxion map
- die Positionen mit ihrer jeweils drei-, vier- oder fünfzähligen Drehsymmetrie
- die Symmetrieoperationen wie Gleitung, Spiegelung, Drehung und Streckung
- die Chiralität (Rechts-Links-Phänomen)
- sämtliche Gitterroste durch die verschiedenen Positionen im Raum
- viele Zeichen und Symbole wie Kreuz, Pentagon, Pentagram, Davidstern, Andreaskreuz, die Prismen und Antiprismen die Wendelflächen
- Helix und Doppelhelix
- den Kegel mit seinen Kegelschnitten Ellipse, Parabel und Hyperbel, den Stülpkubus

Die Universalität des Metaeders macht es zur theoretischen Basis des Bauens, soweit dies aus gleichen oder ähnlichen oder verschiedenen, aber masskoordinierten Teilen und Teilungen besteht. Es enthält die Elementarzellen einer strukturellen Architektur.
Das Metaeder ist Gegenstand der Meditation, ein räumliches Mandala, seine Gesetze, Proportionen und Schönheiten erschliessen sich erst am Raummodell.

Geboren 1928 in Wuppertal-Barmen, Schulzeit bis zum Luftangriff 1943 in Barmen, danach in Württemberg - Balingen und der Schwäbischen Alb - Soldat von März 1945 bis Anfang Mai 1945, Abitur 1949 an der Urspringschule - bis 1951 Zimmererlehre in Wuppertal, ab WS 1951 Studium an der TH Stuttgart - 1953/54 Zwischenpraxis bei Prof. Tiedje in Stuttgart, Arbeitsaufenthalte 1954 an der TH Istanbul TR, am Lehrstul Prof. Bonatz und 1956 im Gemeindebauamt Hilversum NL - Diplom 1958. Bis 1960 Assistent bei Prof. R. Gutbier in Stuttgart. Ab 1960 bis 1981 Leiter Städt. Hochbauämter, zuerst in Gladbeck, dann in Essen. Anschließend 5 Jahre im internatinalen Consultingwesen, danach als Architekt freiberuflich tätig.

Martin Stotz
PLAN-SKULPTUR

Künstler, Essen

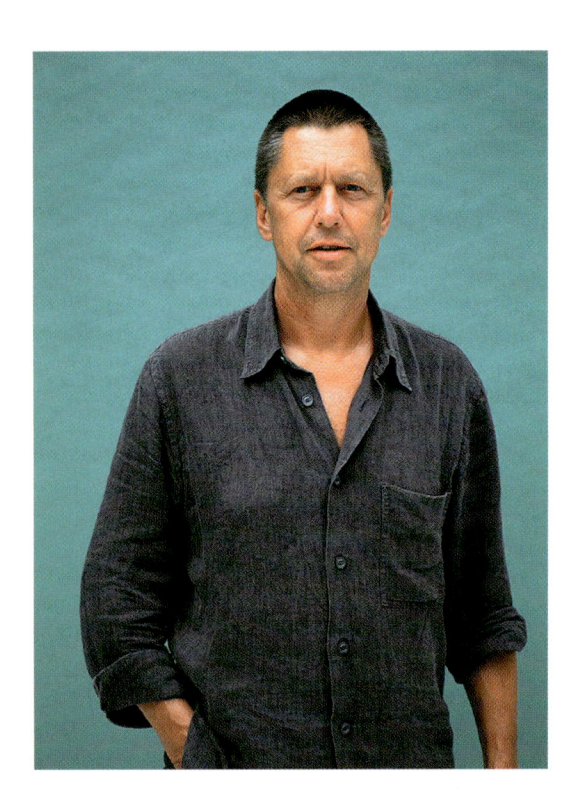

Norbert Thomas
Baustelle

Ingrid Weidig
Burgplatz-Intervention

1953 geboren in Dortmund
1972-80 Studium Grafik-und Fotodesign, Universität GH Essen
1980-87 Arbeit als freiberufliche Fotojournalistin
seit 1987 freie künstlerische Arbeit
mit Fotografie und Multimedia

Wichtige Projekte und Ausstellungen (Auswahl)

1990/2000 „Barzhaz Breizh - Chants populaires de la Bretagne".
Fotografie, Computeranimation mit Original-Sound

1990-93/97 „La Revedere România",
Arbeitsaufenthalte in Rumänien (12 Monate)

1995-97 „România", Installationen mit Fotografie
Kunstmuseum in der Alten Post, Mülheim a. d. Ruhr (E)
Forum Bildender Künstler, Essen(E)
Galeria de Arta Helios, Timisoara, Rumänien (E, K)

1994/95/97 „american desert",
Arbeitsaufenthalte in Arizona, New Mexico, Utah, Texas.
Fotografie, Computeranimation, Rauminstallation Kunsthaus
Essen (E)

1998/99 „Sala de Asteptare - Wartesaal Bahnhof Sighisoara,
Rumänien". Rauminstallation, computeranimierter Film (43 min.)
mit Originalsound und Musik von „4Schatten hat die Hand.Trio"
(Rena Meyer-Wiel, Stimme; Regina Pastuszyk, Bassklarinette;
Markus Zaja, Klarinette), Stadtgalerie im Elbeforum, Brunsbüttel
(E, K)

2000 „White Collar Crime - the dark side of business"
Interaktive Internet-Animation und Installation bei KPMG Essen
im Rahmen von „Corporate Citizenship Art1" (G, K)

2001 „invitatie - invitation - einladung", rumänische und
deutsche Künstler im Kunsthaus Essen, Projekt-Leitung und
künstlerische Beteiligung (G, CD-Rom)

2000 /2003 - 04 „beyond the songlines" (work in progress)
Arbeitsaufenthalte in Australien.
Fotografie und Experimentalvideo.

E=Einzelausstellung
G=Gruppenausstellung
K=Katalog

Wolfgang Zimmer, Dipl. Ing. Architekt BDA
Über den Dächern

1957	geboren in Frankfurt am Main
1976	Abitur in Offenbach am Main
1977-85	Architekturstudium TH Darmstadt u. ETH Zürich Auszeichnungen (u.a. Förderpreis dt. Stahlbverb.)
1985	Büro A.J. v. Kostelac, Seeheim/Malchen
1986-88	NGP Nicholas Grimshaw & Partners, London
1989-91	Büro Prof. J. Schürmann, Köln
1992-95	GKA Günter Koschany Architekten, Essen
1995	Gründung des Architektenbüros KZA Koschany Zimmer & Assoziierte GmbH, Essen mit Günter Koschany und Axel Koschany
1998	Berufung in den Bund Deutscher Architekten BDA
1999	Geschäftsführung des Architektenbüros KZA zusammen mit Axel Koschany
1999	Berufung in den Vorstand des BDA, Essen

„Es ist unsere Verantwortung zusammen mit unseren Bauherrn mit zukunftsweisender Architektur Räume für Menschen zu schaffen."
KZA 1995

Das Erkennen der „Randbedingungen" als Grundlage und das darauf antwortende Entwickeln einer tragfähigen Konzeption der Architektur-Aufgabe ist der methodische Ansatz jedes Entwurfes der Architekten Axel Koschany und Wolfgang Zimmer. Sie lernten sich während des Studium an der TH Darmstadt kennen und arbeiten seit 1995 erfolgreich zusammen im gemeinsamen Büro KZA in Essen.

Die Architekturschulen in Darmstadt und Zürich, die Lehrer Bächer, Behnisch, Hoesli und Sieverts und die Mitarbeit in den Büros Grimshaw und Schürmann haben mich in meiner Haltung zur Architektur geprägt und beeinflussen dadurch natürlich indirekt auch die Arbeit von KZA. Unser Büro kennt keine „Musterlösung", der Umgang mit Materialien ist Konsens, die Entwicklung der Lösung jedes Mal neu, bedarfsgerecht. Die Projekte werden von Beginn an in enger Abstimmung mit unseren Bauherrn entwickelt und wirtschaftlich im Team mit Architekten und Bauleitern umgesetzt. Planungsschwerpunkte des Büros sind die Bereiche Verwaltung und Banken, Forschung und Bildung, Gewerbe und Logistik, Wohnen, Städtebau und Design. Von Anfang an beteiligen wir uns an nationalen und internationalen Architektenwettbewerben; ein Teil unserer Aufträge resultiert aus gewonnenen Wettbewerben.

Die Integration von Künstlern in unsere Arbeit hat bereits bei verschiedenen Projekten zu besonderen Lösungen geführt. So entstand die Gestaltung des Treppenhauses der Dresdner Bank Hagen zusammen mit der Essener Künstlerin Hannelore Landrock-Schumann und die Konzeption für den Kaufhauskomplex Stubengasse in Münster mit dem Leipziger Lichtkünstler Jürgen Meier.

Teilnehmer

Frank Ahlbrecht
Cäcilienstr. 6a
45130 Essen
Tel.: 0201/771059
Fax: 0201/8776858

Sophie a.d. Brügge
Neukircher Mühle 21a
45239 Essen
Tel.: 0172/9954700
Fax: 0201/1769044
Mail: anderbruegge
@zep-design.de

Astrid Bartels
Hohe Buchen 6a
45133 Essen
Tel.: 0201/412087
Fax: 0201/4503894

Patrik Bayer
Sundernholz 53
45134 Essen
Tel.: 0201/442935
Fax: 0201/4308770

Anne Berlit
Hohe Buchen 18
45133 Essen
Tel.: 0201/421508
Fax: 0201/8417073

Dorothee Bielfeld
Feldmark 104
44803 Bochum
Tel.: 0234/9362159
Fax: 0234/355095

Peter Brdenk
Adelkampstr. 95
45147 Essen
Tel.: 0201/707178
Fax: 0201/706364
Mail: planwerkessen
@aol.com

Jürgen LIT Fischer
Tönisstr. 61
40599 Düsseldorf
Tel.: 0211/7404166
Fax: 0211/7404155

Miriam Gießler
Paulinenstr. 68
45131 Essen
Tel.: 0201/517648/
1053878
Fax: 0201/5146979

Holger Gravius
Niederwenigerstr. 130
45257 Essen
Tel.: 0201/4864112
Fax: 0201/1804695
Mail: Gravius@
Kenchiku.de
www.kenchiku.de

Peter Güllenstern
Geb. 5 Auenweg 173
51063 Köln
Tel.: 0221/2852477
Fax: 0221/2852477

Dirk Hupe
Düsseldorfer Str. 27
45145 Essen
Tel.: 0201/756695

Jost Kleine-
Kleffmann
Elsternweg 7
42555 Velbert
Tel.: 02191/949191
Fax: 02191/949192

Christian Kohl
Flachsmarkt 1
45127 Essen
Tel.: 0201/105630
Fax: 0201/1056310

Frank Köhler
Frankenstr. 104
45134 Essen
Tel.: 0201/444220
Fax: 0201/473744

Jems-Robert Kokobi
Florastr. 9
45131 Essen
Tel.: 0201/4085301
Fax: 0201/4085301

Hans Krabel
Nordsternstr. 65
45329 Essen
Tel.: 0201/8363810
Fax: 0201/8363870

Jule Kühn
Geb. 5 Auenweg 173
51063 Köln
Tel.: 0221/2852477
Fax: 0221/2852477

Hanelore
Landrock-Schumann
Steinbeck 47
45239 Essen
Tel.: 0201/402506
Fax: 0201/402506
Mail: H.Landrock-
Schumann
@t-online.de

Sigrid Lange
Nussbaum Str. 37
50823 Köln
Tel.: 0221/5509176
Fax: 0221/955399-6

Rolf Lieberknecht
Neukircher Mühle 21a
45239 Essen
Tel.: 0172/3000260
Mail:
prof.lieberknecht
@zep-design.de

Friedrich Mebes
Lilienstr. 35
45133 Essen
Tel.: 0201/840330
Fax: 0201/8403333

Lars Meeß-Olsohn
Kamperstr. 1
42555 Velbert
Tel.: 02052/813071
Fax: 0201/183-3543

Jens J. Meyer
Bonifaciusring 14
45309 Essen
Tel.: 0201/558211
Fax: 0201/555193

Wolfgang
Müller-Zantop
Sundernholz 53
45134 Essen
Tel.: 0201/442935
Fax: 0201/4308770

Renate Neuser
Dammanstr. 61
45138 Essen
Tel.: 0201/263924
Fax: 0201/263924

Heinrich Oppelt
Nußbaumer Str. 37
50823 Köln
Tel.: 0221/5509176
Fax: 0221/955399-6

Frank Overhoff
Kuhstr. 79a
42555 Velbert
Tel.: 02052/962855
Fax: 02052/962857

Georg Ruhnau
Am Wiesental 3
45133 Essen
Tel.: 0201/41844
Fax: 0201/41845

Werner Ruhnau
Am Bögelsknappen 1
45129 Essen
Tel.: 02054/8907
Fax: 02054/8907

Hubert Sandmann
Paulinenstr. 68
45131 Essen
Tel.: 0201/517648/
1053878
Fax: 0201/5146979

Gianni Sarto
Kampstr. 7
45468 Mülheim/Ruhr
Tel.: 0208/4378468
Fax: 0208/4378466
Mail: Gianni.Sarto
@t-online.de
www.Gianni-Sarto.de

Eckhard Schichtel
Am Schacht Hubert 7
45139 Essen
Tel.: 0201/4087082
Fax: 0201/4087085

Gerda Schlembach
Wesselswerth 6
45239 Essen
Tel.: 0201/493877
Fax: 0201/8496777

Matz Schulten
Sababurger Str. 20
34388 Trendelburg

Eckhard
Schulze-Fielitz
Zeißbogen 6
45133 Essen
Tel.: 0201/421881
Fax: 0201/421881

Martin Stotz
Partnerschaftsweg 13
45966 Gladbeck
Tel.: 02043/41743

Norbert Thomas
Kahrstraße 89 a
45128 Essen

Moni van Rheinberg
Josefinenstr. 41
45131 Essen
Tel.: 0201/789493
Fax: 0201/789493

Ingrid Weidig
Kunsthaus/
Rübezahlstr. 33
45134 Essen
Tel.: 0201/471286
Mail: i.weidig@
kunstvirus.de
www.kunstvirus.de

Wolfgang Zimmer
Stadtwaldwende 14
45134 Essen
Tel.: 0201/896450
Fax: 0201/8964545

Der mfi Preis Kunst am Bau
Preisträger 2002
Bogomir Ecker

Ein eindrucksvolles Beispiel für Kunst am Bau wurde kürzlich mit einem der größten europäischen Kunstpreise ausgezeichnet: Bogomir Ecker erhielt den mit 50.000 Euro dotierten „mfi Preis Kunst am Bau" für seine Arbeit „Aliud".

„Im Spannungsfeld Kunst und Architektur zeigt Bogomir Ecker neue Wege auf und überwindet die konventionell eingeführten Lösungen. In einer subtilen Auseinandersetzung mit der Architektur nimmt er die Formen des Baukörpers intelligent, gefühlvoll und ironisch auf", begründete die Jury ihre Entscheidung. Mitglieder der Jury waren der Bildhauer Prof. Tony Cragg, Museumsdirektor Dr. Gerhard Finckh vom Museum Morsbroich, Architekt Ludwig Wappner, Kunstkritiker Thomas Wagner von der Frankfurter Allgemeinen Zeitung sowie Reydan Weiss von der mfi AG.

Die Skulptur „Aliud" ist eine freischwebende, von einem Stahlträger hängende Skulptur am Gebäude der ZPD (Zentrale Polizeitechnische Dienste NRW) im Duisburger Innenhafen. Aus gelb lackiertem Aluminium gefertigt, ist die Skulptur 22 Meter hoch und besteht aus 11 modulhaften Teilen, die gleich einer Perlenkette aufeinander gereiht sind. Der Künstler bringt die Skulptur in Zusammenhang mit Maschinenteilen oder Robotern.

Eckers bisher größte Arbeit lenkt die Blicke auf sich, wirkt wie ein übergroßes Signal, dessen Aussage sich aber, im Gegensatz zu seiner konkreten Form, kaum entschlüsseln läßt. „Die Skulptur „Aliud" hat assoziativen, erzählenden Charakter. Sie will nicht durch die Dominanz eines Themas sich selbst überfrachten. Sie ist ein Gegenstand aus der Welt der Kunst, dort ist ihre Inhaltlichkeit angesiedelt. Sie nimmt diesen leeren Platz am Rande der Uferpromenade als ihre Behausung an", erläutert Ecker. Der Titel ist dem Künstler wichtig: „Aliud", aus dem lateinischen, bedeutet „ein anderes" - für Ecker ein Synonym für Kunst schlechthin.

1950 im slowenischen Maribor geboren, lebt und arbeitet Bogomir Ecker in Düsseldorf. Nach einem langjährigen Lehrauftrag an der Hochschule für bildende Künste Hamburg hat er seit April diesen Jahres eine Professur an der Hochschule für bildende Künste Braunschweig inne.

Mit seiner Arbeit „Aliud" setzte sich der Bildhauer und documenta-Künstler Bogomir Ecker in diesem Jahr gegen 340 Mitbewerber durch. Die eingereichten Projekte mußten sich in den Kate-gorien „Ästhetik", „Innovation" und „Beziehung von Kunst und Bau" gleichermaßen bewähren.

Der „mfi Preis Kunst am Bau" wurde in diesem Jahr das erste Mal ausgelobt und wird künftig jährlich an einen Künstler für ein in Deutschland realisiertes Kunstwerk verliehen. Die Preisverleihung fand am 20. Juni 2002 in einem Essener Industriedenkmal, der Kokerei Zollverein, im Beisein des nordrhein-westfälischen Ministers für Städtebau und Wohnen, Kultur und Sport, Dr. Michael Vesper und rund 200 geladenen Gästen statt.

Mit der Verleihung des „mfi Preis Kunst am Bau" will der Stifter, die mfi Management für Immobilien AG aus Essen, einen Dialog in der Öffentlichkeit anregen und die Auseinandersetzung mit dem Thema Kunst am Bau fördern „Wir wollen dazu beitragen, Kunst nachhaltig als Teil des öffentlichen Lebens zu etablieren", so R. Roger Weiss, Vorstandsvorsitzender der mfi AG.

„Gleichzeitig möchten wir neue Maßstäbe für öffentliche und gewerbliche Bauten setzen und weitere Unternehmen in Deutschland dazu bewegen, sich für die Kunst zu engagieren".

Weitere Informationen zum Thema Kunst am Bau sowie ein Film über den diesjährigen „mfi Preis Kunst am Bau" - Preisträger, Bogomir Ecker, sind auf der mfi Website unter dem Stichwort „Kunst" auf www.mfi-online.de zu finden.

mfi: Immobilien mit Konzept
Bauen mit Kunst

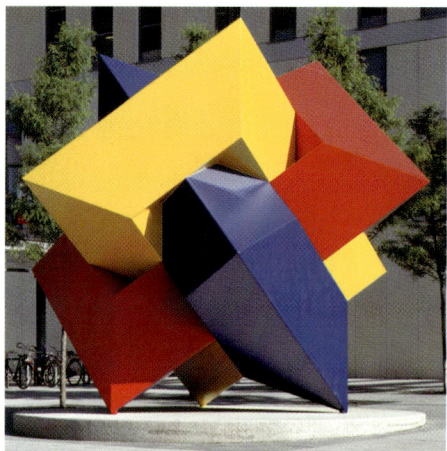

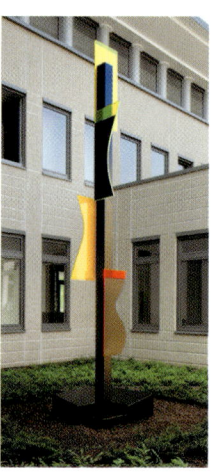

Die mfi Management für Immobilien AG aus Essen hat sich als Projektentwickler von innerstädtischen Einkaufsarcaden sowie Büro- und Gewerbeparks einen Namen gemacht. Als eines der wenigen Unternehmen in diesem Markt bietet sie von der Projektentwicklung über den Bau bis zur Vermietung und langfristigem Centermanagement alles aus einer Hand an.

„Bauen mit Kunst" ist eines der Ziele der mfi Management für Immobilien AG. Dabei ist das Wort „Kunst" nicht nur im übertragenen Sinn zu verstehen, sondern ganz wörtlich: Kunst am Bau ist integrativer Bestandteil der mfi-Immobilien-Konzepte: So wie jedes mfi-Objekt mit einem eigenen Namen ausgezeichnet wird, wird für jedes Objekt ein Kunstwerk in Auftrag gegeben. Mit dem Ziel, eine gelungene Synthese von Architektur und Kunst zu schaffen. Dafür werden nicht nur renommierte Künstler beauftragt - ebenso gefragt sind junge, aufstrebende Künstler mit innovativen Konzepten.

Werke unterschiedlicher Künstler (u.a. Heinz Mack, Thomas Emde, Jürgen LIT Fischer, Hannelore Landrock-Schumann, Karl-Heinz Adler, Eberhard Fiebig, Hubertus von der Goltz) sind in den mfi-Einkaufsarcaden in Berlin, Erfurt, Gera, Hamburg, Regensburg und Zwickau, dem Plaza-Bürogebäude in Essen sowie den mfi-Serviceparks in Essen, Dortmund und Gelsenkirchen installiert.

R. Roger Weiss, Vorstandsvorsitzender der mfi AG, erläutert: „Eine moderne Lebenswelt ist ohne Kunst nicht denkbar. Kunst weitet unseren Horizont, Kunst ist innovativ, Kunst ist geschmacksbildend und gehört ebenso in eine private Welt wie auch in die Arbeitswelt. Kunst ist auch ein Stück Unternehmenskultur".

Weitere Informationen zur mfi und dem Thema Kunst am Bau sind auf der mfi Website unter dem Stichwort „Kunst" zu finden: www.mfi-online.de. Dort ist auch ein Film über den diesjährigen Preisträger des „mfi Preis Kunst am Bau", Bogomir Ecker, zu sehen.

„Biographische" Daten der mfi Management für Immobilien AG

- Gründung der mfi: 1987
- Vorstandsvorsitzender: R. Roger Weiss
- Mitarbeiter: 200
- Projekte: Einkaufs-Arcaden, Bürogebäude und Serviceparks in Berlin, Deggendorf, Dortmund, Gelsenkirchen, Erlangen, Erfurt, Essen, Gera, Hamburg, Köln, München, Regensburg, Zwickau.

diskrete Interventionen
Ulrich Buse und Susanne Düchting

Das Projekt „diskrete Interventionen" nimmt innerhalb der Bau-Kunst-Ausstellung eine Sonderrolle ein. Es zeigt Arbeiten, die vom Ausstellungskonzept insofern abweichen, als sie nicht im Zusammenwirken von Künstlern und Architekten entstanden sind. Es handelt sich um Studienarbeiten von Studierenden der Kunstpädagogik an der Universität Essen. Sie greifen mit künstlerischen Mitteln temporär und diskret in die Gegebenheiten des öffentlichen Raumes ein, um ihn zu verfremden und zu verändern. Entwickelt wurde das Projekt in einer interdisziplinären Zusammenarbeit der Lehrgebiete Kunstwissenschaft und künstlerische Praxis. Es gliedert sich in das Unterrichtsfeld „Kunst lehren und lernen" ein.

Wir danken den Veranstaltern und Organisatoren der Ausstellung BauKunst, dass sie diese Arbeiten in ihr Konzept integrieren konnten und ihnen damit ein breites öffentliches Präsentationsforum geboten haben.

Ausgangspunkt der Auseinandersetzung war der Berliner Platz mit den angrenzenden Arealen wie Limbecker Platz und Limbecker Straße. Er wurde aus mehreren Alternativen ausgewählt, weil er eine Übergangszone zwischen der Hochschule und der Innenstadt markiert. Außerdem erhält er eine besondere historische Konnotation dadurch, dass er ehemals das „Tor" zu den Kruppschen Fabriken bildete, dem Kern der rasanten Industrialisierung des Ruhrgebietes im 19. Jahrhundert. Darüber hinaus war er bis vor dem Zweiten Weltkrieg Teil des „Problemviertels" Segeroth, einem gravierenden sozialen Brennpunkt der Stadt Essen. Augenblicklich ist er zu großen Teilen eine Brache, allerdings liegen schon Planungsideen für tiefgreifende städtebauliche Veränderungen vor. Gleichzeitig bildet er in seinem südöstlichen Bereich einen der größten innerstädtischen über- und unterirdischen Knotenpunkte für den ÖPNV und den Individualverkehr. An einer Seite geht er in die Fussgängerzonen der Innenstadt über, an seinen anderen Rändern befinden sich ein Grosskino, eine Tankstelle, Möbelhäuser, das Arbeitsamt, der Sperrbezirk und diverse kleingewerbliche Betriebe -insgesamt fast nur ein Kommerz- und Dienstleistungsbereich. Dieser Ort macht exemplarisch deutlich, dass der öffentliche Raum ein komplexes Gebilde darstellt, das einer sich stetig wandelnden Gestaltung, Reglementierung und ästhetischen Veränderung unterliegt. An Fotoaufnahmen des Areals aus den letzten vierzig Jahren lässt sich dieses anschaulich ablesen. So wird verständlich, dass eine genaue Wahrnehmung und ein differenziertes Bewusstsein nötig ist, um sich mit einer solchen Umgebung auseinandersetzen zu können. Genau hier setzen die Arbeiten an.

Andrea Geldmacher markiert mit Moniereisen und rot-weissen Absperrbändern auf der schon jahrelang brachliegenden Fläche Areale, die auf Bauarbeiten hinweisen. Die Öde des Ortes wird durch die Absurdität der Installation hervorgehoben.

Johannes Schilp spitzt mit eine Kettensäge einen Baumstumpf zu einem Stift an. Dieser steht auf einer begrünten Verkehrsinsel. Einerseits klingen Assoziationen an Riesenwelten an, andererseits an den sprichwörtlichen Rotstift, der mittlerweile dramatisch die Städte mitregiert. Je nach Blickwinkel scheint die Form des Stiftes die der rosa Bürozwillingstürme aufzunehmen und zu kommentieren.

Anke Grams lässt zwei beschriftete Messingplatten in die Pflasterung der Fußgängerzone ein, deren Texte mit ihrem Bezug zum Märchen vom Schneewittchen irritieren, weil sie in keinem erkennbaren Zusammenhang mit dem gegebenen Umfeld stehen, aber sofort das allseits bekannte Märchenuniversum evozieren. So stellt sich u.a. die Frage, ob nicht auch die Konsumwelt ein modernes Märchen ist.

Die Einkaufsbummler könnten sich auf Florian Schmidts sieben kleinen Betten aus Betonguß zur Ruhe begeben - wenn sie denn nicht mit den Maßen von 100 x 50 cm zu klein geraten wären. Hier verrutschen die Maßverhältnisse und die Frage nach dem „Warum" kann möglicherweise im Zusammenspiel mit der Arbeit von Anke Grams beantwortet werden.

Das Karteikästchen von Ulrich Buse bietet den Passanten „Wörter zum Mitnehmen" an, Zitate aus der Literatur und aus der Umgangssprache. Die Urheber der „Weisheiten" sind nicht genannt, so dass völlig unklar bleibt, wer da zu einem spricht. Sie erinnern an Sprüche aus chinesischen Glückskeksen... Anders als die üblichen in Fußgängerzonen verteilten Handzettel preisen diese Texte nichts an, sie wollen den Leser nicht zum Kauf von irgendetwas bewegen, sondern sie eröffnen vielfältige Assoziationsfelder jenseits des Konsums.

Susanne Kalenborn und Melanie Platzköster bieten Stadtbummlern und Bewohnern handtuchgroße Rasenflächen zur Erholung an, die allerdings mit Verbotsschildern versehen sind. Vorbilder für diese grotesken Verweise prägen das konkrete Stadtbild und zum Großteil auch unser Bild von der Stadt als stark reglementierter Zone.

Die Videoinstallation „Drunter und Drüber" von Britta Horstmann beschreibt eine Fahrt mit der U 11 von Endpunkt zu Endpunkt. In Echtzeit und mit O-Ton werden die Stopps in den einzelnen Stationen kombiniert mit Periskopschwenks im oberirdischen Verkehrsraum überall dort, wo sich Notausstiege aus dem Tunnel befinden. Die (fast) unsichtbaren Vernetzungen zwischen dem städtischen Untergrund und der Oberfläche werden aufgedeckt. Leider konnte diese Installation aus finanziellen und organisatorischen Gründen während des Zeitraumes der Ausstellung nicht gezeigt werden.

Alle Arbeiten greifen diskret in die städtische Situation ein. Sie ermöglichen die im öffentlichen Raum seltenen Erfahrung von Irritation und regen zu Assoziationsprozessen an. Die Wahrnehmung wird durch Unerwartetes, Witziges, Überraschendes verändert. Durch die subtilen Eingriffe kommt es zu Verschiebungen in der Erfahrung mit dem Bekannten, danach sieht man das „System Stadt" möglicherweise anders. So kann ein temporärer künstlerischer Eingriff eine vorgegebene, als statisch und schwer veränderbar empfundene Situation schöpferisch verwandeln. Die Arbeiten reihen sich ein in die Tendenz seit den 80er Jahren, als Künstler ihr eigenes Verständnis gegenüber dem gegebenen architektonischen und städtebaulichen Umfeld nachhaltig veränderten. Ihre kontextbezogenen Arbeiten waren Analysen der spezifischen historischen und geografischen Situation des Ortes und lösten teilweise die Skulpturen in ihrer traditionellen Form im öffentliche Raum ab. Nun sahen auch Künstler den vielschichtigen und diffizilen Kontext als essentiell für ihre Kunstwerke an. Für die Kunst im öffentlichen Raum bedeutet dies die Berücksichtigung einer Vielzahl von Komponenten, die nicht nur die örtliche Situation am unmittelbaren Standort betreffen, sondern auch z.B. das geschichtliche, soziale und politische Umfeld mit bedenken. Das Unbehagen an einer Kunst, die sich den Vorgaben der Architektur und des Städtebaus unkritisch unterzuordnen schien, um im extremen Falle hilflos-dekorative Lösungen und damit auch mediokre Werke hervorzubringen, provozierte bei vielen Künstlern diesen grundlegend anderen Zugriff auf den öffentlichen Raum. Solche veränderten Ansätze sind nicht weit entfernt von der Utopie des Zusammengehens von „Kunst und Leben", sie bewegen sich auf dem schmalen Grat von künstlerischer Autonomie und der Befragung der gesellschaftlichen Funktion von Kunst. Anders aber als die idealistischen Modelle einer metaphysisch geprägten Kunst oder als die Versuche, durch Kunst politisch oder soziologisch einzugreifen", sind viele Arbeiten der „Interventionskunst" durch ironische, witzige oder spielerische Elemente gekennzeichnet. Sie versuchen, sich von ideologisch bedingten Einschränkungen fernzuhalten und suchen einfallsreiche und originelle Lösungen für ihre Installationen. Dadurch kommt oft ein befreiendes Element in die Arbeiten, das den Blick öffnet für die Absurdität des Realen. Der Witz schafft die Möglichkeit einer Rettung vor den Zumutungen einer entfremdeten Umwelt und hilft dabei, neue Sichtweisen zu entwickeln und zu erproben.

Für die angehenden Kunstpädagogen in diesem Projekt war die witzig-ironische Herangehensweise an das Thema Inspiration für die Entwicklung realisierbarer Ideen. Mit eingeschränkten finanziellen und technischen Mitteln entwickelten sie modellhafte Arbeiten. Sie eröffneten hier für den Hochschulbereich ein exemplarisches Lern- und Arbeitsfeld im Hinblick auf eine kritische, kunstpädagogisch-kunstpraktische Hinterfragung von Lebensumfeldern. Dass dabei sehenswerte und künstlerisch stimmige Werke entstanden sind, ist mehr als nur ein willkommener Nebeneffekt.

Sponsoren

Die Realisierung des Kataloges wurde durch das Unternehmen MFI, Management für Immobilien AG, Essen finanziert, bei dem sich der BDA Essen im Namen aller Beteiligten an dieser Stelle noch einmal herzlich für die Unterstützung bedankt.

Ein besonderer Dank geht an die Feuerwehr der Stadt Essen, die zahlreiche Projekte tatkräftig unterstützt hat.

Allbau Stiftung, Essen, Projekte 2, 5, 8, 9, 11, 13, 14
Arbeitsamt Essen, Projekt 5
Baedeker, Essen, Projekt 5
Bank im Bistum Essen eG, Projekt 8
Bauersfeld Garten u. Landschaftsbau, Essen, Projekt 18
Beton Marketing West GmbH, Beckum, Projekt 20
Fa. Beumer, Rosendahl-Holtwick, Projekt 5
Bilfinger & Berger AG, Essen, Projekte 7, 20
Breitbach & Hostadt oHG, Essen, Projekt 20
Brillux Essen, Projekt 5
Brockhues GmbH & Co KG, Walluf, Projekt 20
Robert Bull und Peter Stohrer, Universität GH Essen, Projekt 12
BZB Bildungszentrum d. Baugewerbes e.V., Essen, Projekte 5, 15
BZB Bildungszentrum d. Baugewerbes e.V., Wesel, Projekt 20
C & A, Essen, Projekt 5
Café Central, Essen, Projekt 20
Café Extrablatt, Essen, Projekt 5
Ceno-Tec Textile Konstruktion, Greven, Projekt 1
City Center Essen, Projekt 11
CNE Telekommunikation, Essen, Projekt 8
Colori-Gallery, Essen, Projekt 16
Deimel + Wittmar, Essen, Projekt 5
Deutscher Druiden Orden DDO, Düsseldorf, Projekt 20
Deutschlandhaus Essen GmbH & Co., Köln, Projekte 1, 2
Druckmeister, Carius GmbH & Co., Essen, Projekt 10
Dykerhoff & Weiß Marketing- u. Vertr.-ges. mbH & Co. KG, Proj. 20
DZS GmbH, Essen, Projekt 20
E+E Systembau GmbH & Co. KG, Kamp-Lintfort, Projekt 20
EMG Essen, Projekt 5
Entsorgungsbetriebe Essen, Projekt 5
essener arbeit beschäftigungsgesellschaft mbH, Essen, Projekt 10
Evang. Kirchenkreis Essen-Mitte, Projekt 15
Fliesencenter Langen GmbH, Projekt 15
Gebr. Frielinghaus GmbH, Wuppertal, Projekt 10
Gerüstbau Hakenes-Leisner E.K. Essen, Projekt 15
Glas Engels, Essen, Projekt 8
glasid ag, Essen, Projekt 10
Bauunternehmen Gries, Essen, Projekt 1
Grün & Gruga, Essen, Projekt 8
Grünflächenamt der Stadt Essen, Projekt 5
Firma Halfmann, Essen, Projekt 5
Christiane Hantzsch, Essen, Projekt 5
Hellweg Baumarkt, Projekt 7
Hess Form+Licht, Villingen-Schwenningen, Projekt 5
Hochtief AG, Essen, Projekt 18
Fa. Hölscher, Waltrop, Projekt 5
Hydral Objektbegrünung, Arno Lambach, Essen, Projekt 2
Dipl.-Ing. Lothar Jeromin, Architekt, Essen, Projekt 10
Jugendberufshilfe e.V., Essen, Projekt 10
Dr. Bernd Koslowski, Projekt 10
Tragwerksplanung Peter Krämer, Troisdorf, Projekt 1

Lichtatelier Kremer, Essen, Projekt 2
Kriege GmbH & Co, Essen, Projekt 9
KZA Architekten und Generalplaner, Essen, Projekt 1
Land NRW, Projekt 5
Lichtblick Thomas Pitsch, Essen, Projekt 2
Fa. Lichtland, Essen, Projekt 5
R. Lindemann KG, Hamburg, Projekt 1
Lux Elements, Leverkusen, Projekt 15
Helene Mahnert-Lueg, Projekt 5
MC Bauchemie Müller GmbH, Bottrop, Projekt 20
mediapex, Essen, Projekt 5, 10
Mehler-Haku GmbH, Hückelhoven, Projekt 1
Metallbau Jäger, Essen, Projekt 8
MFI, Management für Immobilien AG, Essen, Proj. 1 (Aufstellung)
Minist. f. Städtebau u. Wohnen, Kultur u. Sport NRW, Projekt 20
MLP Finanzdienstleistungen, Essen, Projekt 5
Dipl.-Ing. Eckhard Möller, Ingenieurges. mbH, Essen, Projekt 9
MuK Logistik GmbH, Mülheim a.d. Ruhr, Projekt 10
Nationalbank AG, Essen, Projekt 1, 20
Nationalbank AG, Essen, Projekt 1 (Aufstellung)
Dr.-Ing. Naubert, Essen, Projekt 5
Neiken-Werbung, Essen, Projekt 18
Nolte GmbH Zimmerei u. Holzbau, Essen, Projekt 10, 18
Nolte CNC Frästechnik, Essen, Projekt 20
Parkhaus am Deutschlandhaus, Projekt 1 (Aufstellung)
Peek & Cloppenburg, Projekt 1 (Aufstellung)
Praxis f. schöpferische Lebensgest., Wolfgang St. Keuter, Projekt 20
Natursteinwerk Arnold Puzicha GmbH, Essen, Projekt 20
Raab Karcher Baustoffe GmbH, Wesel, Projekt 20
Ring Beton GmbH & Co KG, Essen, Projekt 20
Ruhrländischer Künstlerbund, Essen, Projekt 5
RWE Plus AG, Essen, Projekt 6
Ute Söntgerath, Essen, Projekt 10
Sparkasse Essen, Projekt 5
Bedachungen Sparrer, Essen, Projekt 15
Sine, Essen, Projekt 5
Sprenker & Gravius GmbH & Co KG, Essen, Projekt 20
Stadt Essen, Projekt 5
Stadtwerke Essen, Projekt 2
Teerbau Ruhr-Niederrhein, Projekt 13
Telgenbrok Gerüstbau GmbH, Projekt 7
Ingenieurbüro Teschner GmbH, Kosel, Projekt 1
Theaterpassage, Projekt 1 (Aufstellung)
Theiß Gerüstbau KG, Velbert, Projekt 9
ThyssenKrupp Immobilien Management, Projekt 7
TransFair GmbH, Essen, Projekt 10
Transkran Transport GmbH, Essen, Projekt 20
Türkisches Konsulat Essen, Projekt 15
Universität Essen, Projekt 1, 10
Unternehmensgr. Vignold, Essen·Ratingen·Düsseldorf·Hamburg, Proj. 9
Von Aschenbach & Voss Vertriebsges. mbH, Krefeld, Projekt 20
Fa. Waldmüller, Essen, Projekt 5
Wocken Spedition GmbH & Co KG, Haren-Ems, Projekt 20

103

Impressum

Herausgeber:
BDA Bund Deutscher Architekten, Essen

Projektmanagement:
Robert Smajgert, Essen

Projekleitung:
Peter Brdenk, Dipl.-Ing. Architekt, BDA Essen

Copyright:
2003, bei den Autoren

Fotos:
Michael Kneffel
Susanne Brügger (Seite 16)
Deimel + Wittmar (Seiten 22-23)
Holger Gravius (Seite 53)
Peter Irmai (Seite 17)
Sven Lorenz (Seiten 52-53)
Hubert Sandmann (Seite 17)
Gerda Schlembach (Seiten 30-31)
Ingrid Weidig (Seiten 28-29)

Texte:
Ulrich Buse und Susanne Düchting (Seiten 100-101)
Dr. Gudrun Escher (Seiten 9-11)
Prof. Friedrich Gräsel (Seite 23)
Dr. Ingrid Helena Helmke (Seiten 53 und 86)
Dr. Dorothee Lehmann-Kopp (Seiten 55 und 84)
Friedrich Mebes (Seite 8)
Dr. Oliver Scheytt und Hans-Jürgen Best (Seite 6)
Dr. Michael Vesper (Seite 7)
Reydan Weiss (Seite 5)
und von den Autoren

Katalogkonzeption;
Peter Brdenk, Essen und Ralf Jakubowski, Essen/Ratingen

Gestaltung:
Ralf Jakubowski, Essen/Ratingen

Druck und Verarbeitung:
DZS GmbH, Essen

ISBN-Nr:
3-929765-03-9